KB182353

프로그래머의
리더십
N
W
E
S

지은이 **정영훈**_ouzok@naver.com

연세대학교 컴퓨터공학 석사. 서버 프로그래머로 4년, 프로젝트 관리자로 8년 경력을 쌓았다. 뒤늦게 프로그래밍을 시작했지만 프로그래밍의 매력에 빠져 이 길에 들어선 것을 후회한 적이 없다는 그는 후배 프로그래머를 교육하고 양성하는 데 깊은 관심을 갖고 있다. 『CUDA 병렬 프로그래밍』(2011, 프리렉) 등 6권의 도서를 집필했다.

프로그래머의 리더십

초판발행 2015년 01월 05일
2쇄발행 2016년 03월 05일

지은이 정영훈 / **펴낸이** 김태헌
펴낸곳 한빛미디어(주) / **주소** 서울시 마포구 양화로 7길 83 한빛미디어(주) IT출판부
전화 02-325-5544 / **팩스** 02-336-7124
등록 1999년 6월 24일 제10-1779호 / **ISBN** 978-89-6848-151-2 93000

총괄 전태호 / **기획 · 편집** 송성근
디자인 표지 / 내지 여동일
영업 김형진, 김진불, 조유미 / **마케팅** 박상용, 송경석, 변지영 / **제작** 박성우

이 책에 대한 의견이나 오탈자 및 잘못된 내용에 대한 수정 정보는 한빛미디어(주)의 홈페이지나 아래 이메일로 알려주십시오. 잘못된 책은 구입하신 서점에서 교환해 드립니다. 책값은 뒤표지에 표시되어 있습니다.

한빛미디어 홈페이지 www.hanbit.co.kr / 이메일 ask@hanbit.co.kr

Published by HANBIT Media, Inc. Printed in Korea

지금 하지 않으면 할 수 없는 일이 있습니다.
책으로 펴내고 싶은 아이디어나 원고를 메일(writer@hanbit.co.kr)로 보내주세요.
한빛미디어(주)는 여러분의 소중한 경험과 지식을 기다리고 있습니다.

프로그래머의 리더십

정영훈 지음

어느날 갑자기 프로젝트 관리자가 되었다. 뜨~아악!

HB 한빛미디어
Hanbit Media, Inc.

프롤로그_ 마음은 언제나 필드 프로그래머

필자가 일하고 있는 일터에 약간의 일본산 장비가 있다. 간혹 오가다 보면 백발이 성성한 일본 엔지니어가 프로그램을 개발하는 모습을 볼 수 있다. 그 모습을 보고 있으면 소프트웨어 개발이 아니라 진정한 공학을 하는 듯한, 일본인 특유의 장인정신마저 보이는 것 같은 느낌을 받는다. 10년, 20년 동안 소프트웨어를 개발하고 있는 외국 엔지니어와 그 회사의 풍토를 보면서 부러운 느낌을 받은 이유는 무엇일까?

만일 우리나라의 업계 분위기도 이와 같다면 자연스럽게 생각될 텐데 나이 지긋한 엔지니어를 볼 때마다 낯설고 여러 가지 생각이 드는 건 아마도 우리의 상황이 그렇지 않기 때문일 것이다. 프로그래머의 수명은 짧고, IT 분야의 근무여건이 척박하다는 것은 이미 널리 알려진 사실이다. 사회 초년생들이 공학을 피하는 현 상황은 어쩌면 당연한 것인지도 모른다.

하지만, 프로그래머는 무에서 유를 창조하는 아주 매력적인 직업이다. 갖가지 문화 콘텐츠를 움직이는 핵심 역할을 하고 있으며, 최신 IT기기의 성능을 좌우하는 역할을 한다. 여러분이 우리나라의 열악한 근무환경에서 소프트웨어 개발을 업으로 삼고 있는 프로그래머라면, 이러한 매력에 푹 빠져서 몸을 던졌을 것이다.

필자도 그 중 한 사람으로 코드를 작성할 때면, 시간 가는 줄 모르게 하루가 지나가고, 버그 때문에 오류가 발생하면 밤새워 고민하는 나날을 보내곤 했다. 10년이 지나 프로그램이 무엇인지 알 때쯤 되니 회사에서 또 다른 임무를 준다. 더 이상 혼자서 키보드와 모니터에 빠져있지 말고, 뒤따라오는 후배들을 도와주라고 말이다. 사실 팀을 관리하라고 하는 것이 맞을 듯싶다. 아직 소스코드와 못다 한 로맨스가 남아있어서, 프로그래밍에 대한 미련을 버리지 못해서 예전처럼 코딩할 때면 상사에게 구박을 받곤 한다.

"직접 나서서 일일이 코딩하지 말고, 팀원을 시키란 말이야"

안타깝게도 우리나라 IT업계에서는 프로그래머를 위한 커리어 패스가 '주니어 프로그래머 → 시니어 프로그래머 → 고급 프로그래머'가 아니라 '프로그래머 → 중간관리자 → 경영진'으로 이뤄져 있다. '프로그래밍만' 잘하면 되는 것이 아니라, '관리도' 잘해야 하는 것이다. 그래서 프로그래머는 중간관리자로 넘어가지 못하면 도태되고 만다.

필드 프로그래머로 머무를 수 없다면, 빨리 적응해야 한다. 적응이 아니라 관리업무를 하기로 마음을 먹으면 잘 해내야 한다. 가슴 뛰는 내 사랑은 필드에 있지만, 잠시 접어두고 관리자의 길을 걸어야 한다. 필드 프로그래머에서 관리자로 넘어가는 것이 한순간 가능한 것은 아니다. 많은 노력과 시행착오를 통해 배워가는 과정이다. 필자도 누구 하나 명확하게 알려주지 않는 과정을 혼자 겪으면서, 이러한 이야기를 함께 나누고 싶다는 생각을 하게 되었다. 관리자로서 잘 해내기 위한 필자의 지식과 경험을 이 책에서 풀어보고자 한다.

지금부터 프로그래머를 잘 관리하기 위한 전략을 세우고 성공을 위한 요소들에 대해 알아보자. 프로그래머 출신인 우리는 일반적인 관리적 지식은 상대적으로 부족할지 모르지만, 프로그래머의 성향과 업무는 잘 알고 있다. 팀원들이 하고 있는 업무와 특성을 잘 안다는 것은 중간관리자로서 큰 이점을 가지고 출발하는 것이다. 따라서 지금까지의 경험을 살리고, 관리적 지식을 채운다면 훌륭한 프로그래머의 리더가 될 수 있으리라 생각한다.

감사의 글

프로그래밍의 매력에 빠져 업으로 삼고 일해온 지 12년의 세월이 흘렀습니다. 그 동안 같은 직업을 가진 선배들과 동료들, 그리고 후배들과 함께했던 시간이 너무나 소중하여 그냥 흘려 보낼 수 없었습니다. 제가 겪었던 경험과 감정을 정리하고 다른 사람들과 공유하고 싶어서 집필을 시작했습니다. 제가 걸어온 길이 정답이라 말할 수 없지만 같은 고민을 하는 동지들에게 도움이 되길 바랍니다.

이 책이 나오기까지 정말 많은 고생을 하신 한빛미디어 송성근 팀장님께 감사의 말씀을 드립니다. 자료작성에 많은 도움을 준 정지연 양과 여러 아이디어를 전해준 친구 규달이, 조성문 기술사님, 이상한 기술사님께 지면을 통해 고맙다는 말씀을 드립니다.

항상 옆에서 응원해주는 사랑하는 아내 수미와 첫째 아인, 둘째 시우에게 감사의 마음을 전합니다.

2014. 12

정영훈

일러두기_ 이 책의 구성

이 도서는 리더십을 위한 지식이 아니라 시니어 프로그래머와 프로젝트 관리자(PM)로 저자가 프로젝트를 진행하면서 경험한 내용을 담고 있다. 그래서 교과서처럼 전반적인 내용을 담고 있는 것이 아니라 주관적으로 중요하다고 느낀 점들을 옴니버스식으로 담고 있다. 지금부터 프로그래머의 특성을 알아보고, 프로그래머에게 지지를 받기 위한 리더십에 대해 구체적으로 알아보자. 프로그래머가 리더십을 발휘하기 위한 필수 요소로 다음 네 가지가 중요하다.

- 프로그래머와 리더십의 이해
- 프로젝트 관리
- 리더의 소통
- 리더의 자기 계발

1장에서는 리더십의 필요성과 의미, 영향력의 원천에 관해 다룬다. 또, 프로그래머의 성향과 특수한 문화를 알아본다. 이런 특수성으로 인해 발생하는 문제와 대응방법을 통해 리더십을 어떻게 발휘할 것인지에 대해 알아본다.

2장은 프로젝트를 성공하기 위한 자원관리 방법과 유용한 팁으로 구성했다. 많이 알고 있는 소프트웨어 공학의 교과서적인 접근보다 프로젝트 진행 시 경험하고 공유하고 싶은 내용으로 설명한다.

3장은 조직관리를 효율적으로 하는 방법과 커뮤니케이션 방법을 다룬다. 리더로서 필요한 마음가짐, 팀원들과 원활한 의사소통을 위한 팁, 피해야 할 행동에 관해 소개한다. 인재양성을 위한 기술교육의 필요성과 개인주의 성향이 물씬 묻어나는 요즘 신세대 주니어 프로그래머에 대한 이해를 돕는다. 기술교육은 팀의 능력을 향상시키고 리더의 영향력을 높이는 중요한 요소이며 주니어 프로그래머의 개인주의적인 성향은 어쩔 수 없는 시대의 흐름이기에 이들에 대한 이해가 필수적으로 요구된다. 변화한 주니어 프로그래머의 성향을 이해하고, 공감대를 형성해서 팔로우십을 얻기 위한 경험에 관해 말하고 있다.

마지막으로 4장에서는 리더로서 주도적으로 자기 계발을 하고, 급변하는 IT 환경에서 용기를 가지고 적응하기 위한 마음가짐을 강조했다. 리더로서 모범을 보이고 앞서가는 데 필요한 점들을 소개한다. 프로그래머가 놓치기 쉬운 부분을 강조한다.

이처럼 이 책에서는 척박한 소프트웨어 개발환경에서 프로그래머의 리더십을 발휘하기 위한 네 가지 요소에 대해 알아보고, 저자가 겪은 그 동안의 경험과 생각을 함께 공유하고자 한다.

목차

chapter 3 리더의 소통

chapter 4 리더의 자기 계발

목차

chapter 1

프로그래머의 리더십

01 프로그래머는 전문가다

"무슨 일이든지 한 가지 일에 능통하라."

– 경행록

프로그래머는 프로그램 언어와 알고리즘, 자료구조, 컴퓨터 시스템에 대한 지식을 가지고, 만들고자 하는 대상에 대한 분석, 설계, 디버깅, UI를 구성하여 동작시키는 일을 한다. 이것을 보면 일반인이 쉽게 접근할 수 있는 분야가 아니라는 것을 알 수 있다. 하지만 우리나라에서는 의사나 변호사 같은 직종에 비해 프로그래머가 전문직이라는 인식이 상대적으로 부족하다. 다른 전문직과 마찬가지로 알아야 하는 지식도 방대하고, 전문 분야에 대한 기술의 깊이도 있어야 하며, 변화하는 시대 흐름에 맞춰 적응하기 위해 끊임없는 노력을 하는 데도 말이다.

필자는 그 이유를 외국에서는 프로그래머라는 직업에 대한 진입장벽이 높지만, 우리나라는 그렇지 않기 때문이라고 생각한다. 우리나라에서는 2000년대 코스닥 시대가 열리면서 (닷컴 거품) IT 업종의 붐이 일기 시작했는데, 당시 국가 정책적으로 프로그래머를 대거 양성하면서 직업의 진입장벽이 낮아지게 되었다.

미국에서는 컴퓨터 엔지니어와 프로그래머, 시스템 분석가의 평균 초봉이 59,000달러다. 반면 현금출납 오퍼레이터의 초봉은 21,000달러에 불과하다. 이와 같은 임금 차이는 IT 분야 전문가가 사회적으로 높은 가치를 인정받고 있음을 보여주는 단적인 예다. IT 전문가의 고액 연봉은 높은 부가가치를 창출하는 직업에 대한 당연한 대접이지만 '수요와 공급 법칙'으로 해석하면 IT 인력 공급이 수요보다 턱없이 부족한 것으로도 해석할 수 있다. 의사와 변호사 같은 전문직처럼 프로그래머는 정보통신 사회에서 반드시 필요한 인력이다. 그러므로 미국, 유럽, 싱가포르 등 여러 나라에서는 부족한 IT 인력을 확보하기 위해 많은 노력을 기울이고 있다.

이에 반해 우리나라의 프로그래머는 선진국에 비해 좋지 못한 환경에서 근무하는 사례가 많다. 앞서도 언급했듯이 필자는 그 원인을 IT 붐이 일었던 시기에 국가 정책적으로 소프트웨어 개발인력을 간략화하여 양성한 데 있다고 본다. 공급은 많아졌지만, 양질의 일자리는 받쳐주지 못하니 근무환경은 열악해졌다. '수요와 공급'이 깨진 탓이다. 이러한 환경을 극복하기 위해서는 전문가가 되어 인정을 받아야 한다. 척박한 환경에서도 전문가는 인정을 받고 좋은 대우를 받기 때문이다.

예외적으로 소프트웨어 아키텍트의 직함을 가진 프로그래머는 미국처럼 대우를 받고 있다. 우리나라에서도 전문가라는 인식을 받고 있기 때문이다. 그러나 모두가 소프트웨어 아키텍트가 될 필요는 없다. 자신이 활동하는 분야에서 지금까지의 경력을 활용하여 전문가가 되는 것이 가장 바람직하다. 스스로 전문가라는 생각을 가지고 다른 사람에게 자신 있게 소개할 수 있도록 자신의 실력을 업그레이드하는 것이 중요하다.

스톡홀름 대학의 '앤더스 에릭슨'이란 교수는 10년 법칙(the 10-year rule)을 주창했다. 어떠한 분야에서 최고로 자리매김하기 위해서는 최소한 10년 동안의 지속적인 훈련이 필요하다는 것이 '10년 법칙'이다. 여기서 10년 동안 얼마나 정교하게 노력했는지가 중요하다.

자신의 분야에서 탁월한 역량을 뽐내는 사람들을 보자. 스포츠 스타로 예를 들자면 김연아, 박태환, 박지성 같은 선수가 있다. 그들은 자기 일을 최소 10년 이상 해온 선수들이다. 물론 그들만큼 오랫동안 운동한 선수는 많을 것이다. 하지만 10년 이상을 운동을 해왔다고 해서 모두가 그들만큼 두드러지지는 않는다. 그 분야에서 두드러지는 사람은 10년을 남들 하는 것만큼 보낸 것이 아니라 남들 이상으로 혹독하게 자신을 갈고 닦아 온 사람이다.

대부분의 사람이 초반에는 굳은 마음을 먹고, 최선을 다해 일을 시작한다. 하지만 시간이 지날수록 원하는 만큼 빠르게 성장하지 못하고 의욕을 잃게 된다. 이 고비를 넘지 못하면 안주하게 되고, 고만고만하게 현상 유지만 하려 한다. 이렇게 행동하는 사람이 수천, 수만 명이 있다. 적어도 그들보다는 남달라야 자기 분야에서 두드러질 수 있다. 10년 동안 계속 발전할 수 있는 프로그래머가 되려면 스스로 혹독한 환경에 뛰어들어 경험하고 지식을 쌓아 전문가가 될 수 있도록 해야 한다.

같은 업종이나 회사에서 일한 지 3년 정도가 되면 기술자로서 알아야 하는 지식 중 98%를 습득할 수 있게 된다. 3년차 프로그래머와 10년차 프로그래머가 완성한 소프트웨어의 품질은 외관상으로는 쉽게 느낄 수 없다. 하지만 소프트웨어를 운영해 보면 안정성과 유지보수의 편리함에서 크게 다른 것을 알 수 있다. 이는 프로젝트의 성공과 실패를 판가름하는 중요한 핵심요소다. 긴 시간 동안 쌓아온 실력과 노하우는 단순한 기술만 아는 기술자와 비교할 수 없다. 전문가와 기술자를 구분하는 2%의 기술 차이는 7년 이상의 경험으로 채울 수밖에 없다. 전문가는 다 채우지 못한 2%를 위해 최소 7년 이상을 자신만의 노하우를 만들고 실력을 갈고 닦으며 보낸다. '겨우 2%를 더 채우기 위해 그렇게 긴 시간을 보내야 하나?'라고 생각할지 몰라도 인정받는 전문가가 되려면 그 이상의 노력을 해야 하는 것이다.

지금 최고에 있는 사람들도 이렇게 기나긴 시간을 보낸 것은 마찬가지이다. 그들은 단순히 98%의 기술만 닦지 않았다. 부족한 2%에 신경을 쓰지 않는 기술자가 밋밋하게 하루하루를 보내는 동안 지독하게 100% 이상을 채우기 위해 자신을 수련한 사람이다. 이렇게 치밀하게 실력을 닦아 놓는다면 자기 분야에서의 성공은 보장된 것이다.

신경과학자 다니엘 레비틴 또한 비슷한 이론을 내놓았다. 어느 분야에서든 세계 수준의 전문가, 마스터가 되려면 1만 시간의 연습이 필요하다는 것이다. 1만 시간이 어느 정도인지 짐작이 가지 않는다면 대략 하루 세 시간, 일주일에 스무 시간씩 10년 동안 갈고 닦으면 만들어지는 시간이라고 생각하면 된다.

이 시대는 실력이 갖춰져 있는 전문가를 원하기 때문에 100% 이상의 기술을 가지고 있는 전문가가 된다면 당신을 찾을 것이다. 우리가 선망하는 전문가를 보면 다들 자기 직업에서 뛰어난 업적을 보인 사람이다. 일과 직업을 통해 그들은 자기 재능을 발견했다. 그들은 돈을 벌기 위해 일을 하는 것이 아니라 자신의 소명을 위해 최선을 다한다. 단순히 생계를 유지하기 위해 일을 하는 것이라면 금방 지치고 포기하게 될 가능성이 더 크다.

미국의 컴퓨터 과학자이자 '썬마이크로시스템즈'의 공동 창립자인 빌 조이의 사례를 보자. 1970년대 초반 빌 조이는 프로그래밍을 처음 배웠다. 그 무렵의 컴퓨터는 커다란 방 하나를 다 차지할 만큼 거대했다. 게다가 가격은 백만 달러도 넘었으며, 메모리 용량과 CPU 연산 성능은 형편없었다. 그 시절에는 컴퓨터 자체에 접근하는 것조차도 힘들었고 더욱이 프로그래밍은 엄청나게 지루한 일이 아닐 수 없었다. 컴퓨터 프로그램이 펀치 카드에 구멍을 뚫어서 만들어지던 시절이기 때문에 코드의 모든 행은 천공기로 뚫은 구멍을 통해 표현되었다. 복잡한 프로그램을 만들려면 수백 장에서 수천 장까지의 펀치 카드 뭉치가 필요했다. 이러한 상황에서 프로그래머가 되기란 쉽지 않은 일이었다. 당시 이런 환경에 대해 한 컴퓨터 과학자는 "카드로 프로그래밍하는 건 프로그래밍을 배우는 것이 아니라 인내와 오류 찾기를 배우는 겁니다."라고 말할 정도였다. 그러다가 컴퓨터가 조금 더 발달하자 컴퓨터 과학자들은 컴퓨터 공유 시스템을 개발하였다.

조이는 그 공유 시스템을 이용해 펀치 카드 대신 프로그래밍을 할 수 있었다. 행운이 더해졌는지 학교 측의 배려로 컴퓨터 센터가 24시간 열리게 되어 빌 조이는 기쁨에 열정적으로 밤새도록 프로그래밍을 해냈다. 결국, 엄청난 연습을 할 수 있었던 조이는 유닉스 코드를 다시 개발하는 문제가 불거졌을 때 그 일을 맡을 수 있었다. 빌 조이는 훗날 프로그래밍을 시작했던 날들을 떠올리며 1만 시간, 즉 10년을 그렇게 보냈다고 말했다. 프로그래밍하게 되면 밤이 늦도록 코드를 붙잡고 있어야 할 때도 있다. 하지만 빌 조이처럼 프로그래밍을 즐긴다면 고갈되지 않는 에너지로 열정적으로 일할 수 있을 것이다.

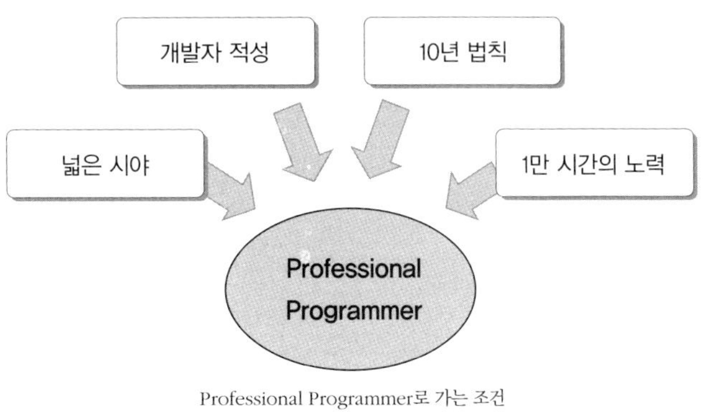

Professional Programmer로 가는 조건

전문가가 되기 위한 가장 중요한 사항을 정리했다. 바로 '10년 법칙', '1만 시간의 노력'이다. 이제 여러분이 전문가로서 제대로 된 실력을 갖추기로 마음 먹었다면 10년 법칙과 1만 시간의 노력을 반드시 실천하기 바란다.

혹시 '이미 10년 법칙을 실천하기에는 늦었다'는 생각이 든다면 포기하지 말고 더 열심히 노력하길 바란다. 언제 시작했느냐가 중요한 게 아니라, 시작했다는 것 그 자체에 의미가 있다. 그리고 각성한 순간 이후의 10년을 어떻게 보내느냐가 더 중요하다. 오히려 이미 많은 경험이 있는 상태라면 10년 법칙의 기간을 줄일 수도 있다.

덧붙여 말하고 싶은 것은 10년 동안 프로그래밍에만 푹 빠져 다른 분야를 아예 외면해서는 안 된다. 다시 말해 프로그래밍밖에 모르는 '프로그래밍 바보'가 되지 말라는 것이다.

각양각색의 분야가 서로 교차하고 교류하는 시대다. 프로그래밍을 하다 보면 여러 분야와 만나게 된다. 그리고 해당 분야의 도메인을 잘 파악해야 그에 맞는 프로그래밍이 가능하다. 스티브 잡스는 '애플의 기술과 인문학 간의 교차점이 있었기에 혁신적인 제품을 만들어 낼 수 있었다'고 말했다. 언제 어느 도메인의 프로그래밍을 해야 할지 알 수가 없기에 필자가 권하는 현실적인 제안은 다양한 분야의 책을 읽으라는 것이다. 기술서만 집착하는 프로그래머를 종종 보게 되는데 개인적으로 매우 안타까운 일이다. 미국 시트콤 〈빅뱅이론〉의 주인공을 보면서 일부 동요되는 느낌을 받았다면 개선할 필요가 있다. 이제 다양한 책을 읽어보자.

조직에는 30.40.30 법칙이란 것이 있다. 30%는 조직에 기여를 하는 사람이고, 40%는 현상 유지를 하는 사람이며, 마지막 30%는 누군가의 도움이 필요한 사람이다. 조직에 기여를 하는 30%, 이 사람이 전문가다. 이 시대는 전문가를 원한다. 프로그래머는 전문가여야 한다. 여러분은 프로그래머 전문가가 될 마음의 자세를 가졌는가?

우리가 경계해야 할 것은 언제 변화할지 모르는 외부 상황이 아니라 현실에 안주하는 자신의 모습이다. 하루하루 끊임없이 10년을 자기 계발에 노력한다면 훗날 틀림없이 전문가가 되어 있을 것이다.

02 왜 프로그래머의 리더가 되어야 하는가?

"리더는 희망을 파는 상인이다."

– 나폴레옹 보나파르트

앞서 프로그래머는 전문가여야 한다는 점을 명확하게 밝혔다. 전문가가 되지 못하면 프로그래머로서의 생명은 보장받지 못한다. 그래서 이것은 프로그래머라면 반드시 목표로 삼아야 하는 첫 번째 과제다.

이제 여러분이 첫 번째 과제를 넘었다고 하자. 그러면 회사에서는 중간관리자의 역할을 수행하라는 새로운 임무를 부여해준다. 그럼, 어떻게 하면 성공하는 중간관리자가 될 수 있을까?

'프로그래머의 리더 역할을 하는 중간관리자가 되라'

이것이 필자가 권장하는 방법이다. 우리는 프로그래머 출신이기 때문에 일반적인 관리적 지식은 상대적으로 부족할지 모르지만 프로그래머의 성향과 업무는 잘 알고 있다. 이것이 장점이다. 따라서 프로그래머였던 경험을 십분 살려서 프로그래머의 리더 역할을 하는 중간관리자가 되어야 한다.

리더(Leader)는 말 그대로 이끌어 주는 사람이다. 먼저 앞에 나서서 구성원과 함께 목표지점에 도달할 수 있게 해주는 조력자이기도 하다. 그리고 리더는 구성원의 발전과 성장에 주 관심사를 둔다. 업무를 지시할 때, 일방적인 명령을 하지 않고 설득의 과정을 중요하게 생각한다. 이 프로젝트를 담당하게 되면 얼마나 성장할 수 있는지, 어떤 이득을 얻을 수 있는지 충분히 설명하고 설득한다.

반면, 관리자는 어떻게 하면 당면한 일을 효율적으로 처리할 것인가에 주 관심사를 둔다. 구성원의 사기나 희망보다 이윤, 가치를 추구하는 성향이 크기 때문에 구성원의 의견은 큰 고려사항이 아니다. 제 기간 내에 일을 처리하는 것이 최우선이기 때문에 기간이 부족하다면 모든 구성원이 쉴 수 없게 많은 일을 최대한 기계적으로 배분하려고 한다. 일의 진행에만 집중하여 일이 올바르게 나아가고 있는지 방향성에 대한 점검을 소홀히 하기 쉽다. 이런 식의 관리적인 접근을 하게 되면 단기간의 성과는 좋을 수 있다. 하지만 구성원의 성장이 더디게 되고, 결과물의 품질은 낮다. 장기적으로는 생산성이 떨어지고 비효율적인 조직이 된다.

리더와 관리자의 차이

구분	리더	관리자
특징	구성원의 미래, 꿈, 조직의 발전	조직의 생산성, 결과물을 중시
관심사	설득, 당위성, 전략	통계적 선택, 업무 수행방법
중요관점	효과	효율
목표	비전	목적
접근방법	Do the right things	Do the things right

프로그래머는 지식노동자로서 그들의 정신적, 심리적 상태가 산출물의 품질에 영향을 주기 때문에 제조업과 달리 효율성과 품질을 유지하기 위한

환경이 다르다. 제조업에서는 공정, 작업 표준, 설비의 자동화, 품질 기준 등의 수치적 관리가 가능하지만, 소프트웨어 개발에서는 이와 같은 요소보다 프로그래머의 정신적, 심리적 상태가 더 큰 요인으로 작용하며 그 변동성도 크다.

그러므로 소프트웨어를 개발하는 분야에서는 프로그래머의 사기를 높일 수 방안을 항상 생각해야 한다. 프로그래머가 발전적인 생각을 하게 되면 프로그래머는 프로그램의 품질과 기능에 더욱 신경을 쓰게 된다. 프로젝트가 곧 자기 발전과정이라는 생각을 하면 스스로 공부하고 좋은 기술을 추가하는 노력도 아끼지 않는다.

필자가 굳이 프로그래머의 리더 역할을 강조하는 이유는 현재 우리나라 소프트웨어 업계의 위기상황과 맞닿아 있다. 우리나라가 IT강국이라는 점은 널리 알려진 사실이다. 그러나 아이러니하게도 소프트웨어 분야의 상황은 열악하다. 이공계의 위상이 매우 낮은 것이 이를 증명한다. 현재 컴퓨터공학과의 위상을 1980년대, 90년대 초반과 비교해보면 오히려 약화되었다는 것이 여실히 드러난다. 이공계 분야의 매리트가 충분하지도 않을 뿐 아니라 어렵고 힘든 분야, 심지어 3D 업종이라는 프로그래머의 자조까지 회자되고 있다. 이런 상황이 지속된다면 소프트웨어 업계, 프로그래머에게 미래는 없을 것이다.

프로그래머에게 희망을 주어야 한다. 그들을 육성하여 프로그래머 전문가가 되도록 지원해주고, 비전을 제시해야 한다. 슬럼프에 빠졌을 때 포기하지 않게 해야 한다. '프로그래머의 수명은 짧다', '박봉에 시달린다'는 압박을 없애주고 함께 이끌어 주어야 한다. 프로그래머의 리더 역할을 하는 중간관리자가 해야 할 일이다. 여기서 필자가 의미하는 바를 알아챌 수 있을 것이다. 바로 '프로그래머 육성'이다. 선배 프로그래머 입장에서, 중간관리자라는 직책을 통해 이 일을 수행할 수 있다.

프로그래머의 리더 역할을 하는 중간관리자에게 필요한 첫 번째는 전문성이다. 그래서 프로그래머 전문가여야 한다. 프로그래머 전문가로 인정받지 못하면 회사에서는 중간관리자가 되라는 제안도 하지 않을 것이다.

프로그래머의 리더 역할을 하는 중간관리자에게 필요한 두 번째는 리더십이다.

리더십의 획득 방법에 대해 세계적인 리더십 전문가 존 맥스웰은 이렇게 언급했다. '누군가에 의해 리더로 임명받는다고 해서 리더십이 획득되는 것이 아니라 구성원에게 영향력을 발휘할 수 있어야 리더십이 획득되는 것'이라고 말이다.

여기서 영향력이란 강제적으로 권력을 행사해서 발휘되는 것을 말하는 것이 아니다. 리더가 지시하면 구성원이 자연스레 받아들이고 수행할 때 진정한 리더십이 발휘된다고 할 수 있다.

처음부터 리더로서의 영향력을 행사할 수 있는 능력을 갖추고 있는 사람은 없다. 리더십이 타고난 듯한 사람도 알고 보면 모두 피나는 연습과 과거의 경험으로 리더십을 키웠다.

리더의 자리에 처음 오른 사람 중에는 프로젝트 계획을 세우는 것조차 어설픈 사람도 있고, 부하직원에게 일을 시키는 것을 어색해 하는 사람도 있다. 이것은 자연스러운 일이다. 프로그래머 전문가를 거친 중간관리자라고 해서 모두가 리더십을 가지고 있는 것이 아니기 때문이다. 프로그래밍에 입문했을 때 서툴렀던 것처럼 리더십에 입문했을 때도 서투른 것은 당연하다.

리더십은 조직의 리더에게만 필요한 것이 아니다. 리더십은 일상생활, 학교생활, 회사생활 등 사회 전반에 필요하다. 회사에서는 특히 리더십이 있는 직원을 원하는 데 '조직'에는 늘 위기가 닥치기 때문이다. 그 조직의 위기를 리더십으로 이끌어나가 극복해내길 바라는 것이다. 따라서 조직에서 리더십을 갖춘 리더를 찾는 것은 생존방법을 찾는 것과 다름없는 일이다.

프로그래머 전문가로서의 전문성에 리더십까지 갖춘 중간관리자라면 성공 가능성이 아주 크다. 이것이 필자가 제안하는 방법이다. '프로그래머 전문가가 되라, 그리고 리더십을 더해서 프로그래머의 리더 역할을 하는 중간관리자가 되라'는 말이다.

그럼, 이제 이 책의 주제인 '프로그래머의 리더십'에 대해 본격적으로 살펴보자.

03 프로그래머의 리더에게 필요한 리더십

"다음 세기를 내다볼 때,
다른 이들에게 능력을 부여하는 사람이 지도자가 될 것이다."

– 빌 게이츠

리더십은 리더가 가져야 할 마음가짐과 행동지침이라고 할 수 있다. 리더십은 원한다고 해서 바로 생기는 것이 아니다. 좋은 리더에게는 자연스럽게 사람이 모인다. 개인적인 역량은 물론이고 프로그래머가 따르고 싶게 만드는 능력이 함께 어우러져야 리더십이 생긴다. 프로그래머는 자신한테 좋은 기회와 혜택을 얻을 수 있게 만드는 리더를 따르게 되어 있다. '저 리더와 함께 있으면 어려운 문제를 해결해서 성취감과 노하우도 얻을 수 있을 것 같다'고 느껴야 따른다.

좋은 리더가 되기 위해서 어떤 것이 필요할까? 먼저, 그들이 얻고 싶어 하는 것을 생각해 보면 된다.

하나는 금전적인 부분이다. 프로그래머는 만족할만한 연봉을 원한다. 그러나 안타깝게도 중간관리자인 리더는 금전적인 부분에서 큰 도움을 주지 못한다. 직접 액수를 정하는 결정권자는 경영진이나 부서장이다. 다만 인사고과를 통해 연봉인상의 요인을 뒷받침할 수는 있다. 금전적인 부분에서 도움을 줄 수 있는 사항은 여기까지다. 이점을 명확하게 인지하고, 프로그래머에게도 명확하게 설명하는 것이 필요하다. 자신의 권한을 벗어나는 일에 얽매여봐야 아무런 소득이 없다.

다른 하나는 기술적인 부분이다. 아무래도 금전적인 부분보다 확실하게 도움을 줄 수 있는 것이 바로 기술과 노하우다. 당장 돈은 되지 않더라도 '저 리더에게 고급의 기술을 배우고 노하우를 배울 수 있다'고 생각하면 프로그래머는 그 리더를 따르고 싶게 되어 있다. 당장은 고생하겠지만, 그 모든 고난을 감내하고 자신의 가치를 올릴 수 있다고 생각한다. 자신의 가치가 올라가면 다른 곳에 가더라도 무리 없이 좋은 대우를 받을 수 있기 때문이다.

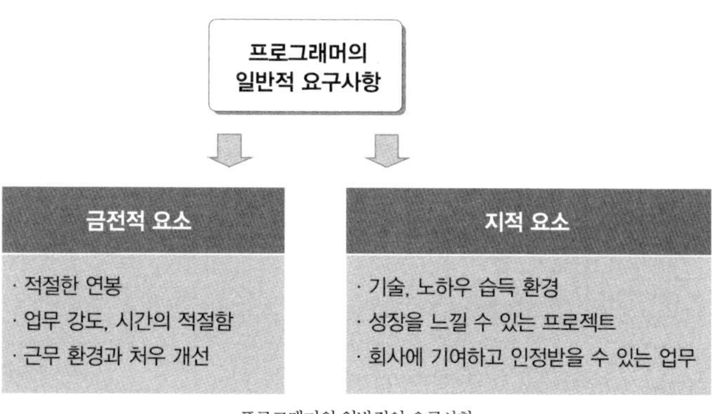

프로그래머의 일반적인 요구사항

이 두 가지 요인을 살펴보면 리더는 금전적인 조건이나 처우보다는 기술과 노하우 전수를 통해 프로그래머의 만족도를 높이는 것이 더욱 효과적인 전략이라 할 수 있다.

프로그래머는 지적 욕구와 성장에 대한 기대가 많아서 기술에 대한 갈망이 상당히 크다. 1~2년 고생하더라도 어느 정도 성장할 가능성이 있다면 금전적인 부분이 크게 좋지 못하더라도 감내할 수 있는 마음을 가지고 있다. 자신이 원하는 것보다 연봉이 좀 낮다 해도 배우는 것이 많다면 조금 더 배워보겠다고 생각하고 이탈하지 않는다. 금전적인 욕구보다 상위에 있는 욕구가 지적 욕구다. 프로그래머서의 자존심은 기술이기 때문에 당장은 만족하지 못하는 조건이더라도 다음에 더 나은 처우를 받기 위해 기술을 배우려 한다.

그래서 처우가 좋지 않고 이탈할 확률이 더 높을수록 더 많은 기술을 교육해주고 상호 발전할 수 있게 도와주는 전략을 사용해야 한다. 핵심기술을 전수하는 것을 두려워하는 리더가 있다면 프로그래머 전문가라 할 수 없다. 앞서도 언급했듯이 '프로그래머의 리더 역할을 하는 중간관리자'에는 '프로그래머 육성'의 개념이 들어가 있다. 만일 육성하지 못한다면 리더로 성공하기 어렵다. 배울 것이 없다고 느낀 프로그래머는 다 떠나가게 된다.

교육과 기술로 리더십을 얻고자 결정을 했다면 과감하게 실행하는 것이 좋다. 새로운 기술이 나오면 본인이 빨리 익혀서 프로그래머에게 가르쳐 주고, 원래 가지고 있던 기본 노하우도 최대한 자세히 가르쳐 주는 것이 좋다. 교육이야말로 자연적으로 리더십이 생기는 가장 좋은 방법이다. 단, 프로그래머는 기술에 대한 자존심이 굉장히 강하다는 것은 기억해두기 바란다. 자신의 기술에 자부심이 있기 때문에 실력을 상대방과 비교해보려는 성향이 매우 강하다. 따라서 기술을 가르쳐 주면서 자존심에 상처를 주지 않도록 조심해야 한다. 프로그래머로서 그들을 존중하고 자존심을 건드리는 말은 자제하자.

04 리더십의 향상을 위한 접근방법

"시장의 역학관계를 변하게 하는 제품에 자본을 집중해서 승부하는 선택과 집중 전략"

– 마이클 포터의 시장경쟁 방법 중 세 번째

리더십의 원리에 대해 이해하면 리더가 할 수 없는 일과 해야 하는 일을 구분할 수 있고, 보다 효율적으로 리더십을 증진하기 위해 선택과 집중을 할 수 있다. 컴퓨터 프로그램이나 알고리즘처럼 리더십의 원리에 대해 분석을 해보자.

리더십은 리더와 리더를 따르는 사람과의 관계에서 이루어지고, 이들은 리더와 함께하면 자신에게 유무형의 이득이 생길 것이라는 희망을 품으며 따른다. 리더를 따르는 프로그래머가 바라는 것은 연봉, 실적, 근무환경 개선, 실력향상, 사회적 관계, 승진 등 여러 가지다.

이렇게 다양한 욕구에 대해 매슬로우는 5단계로 구분했다.

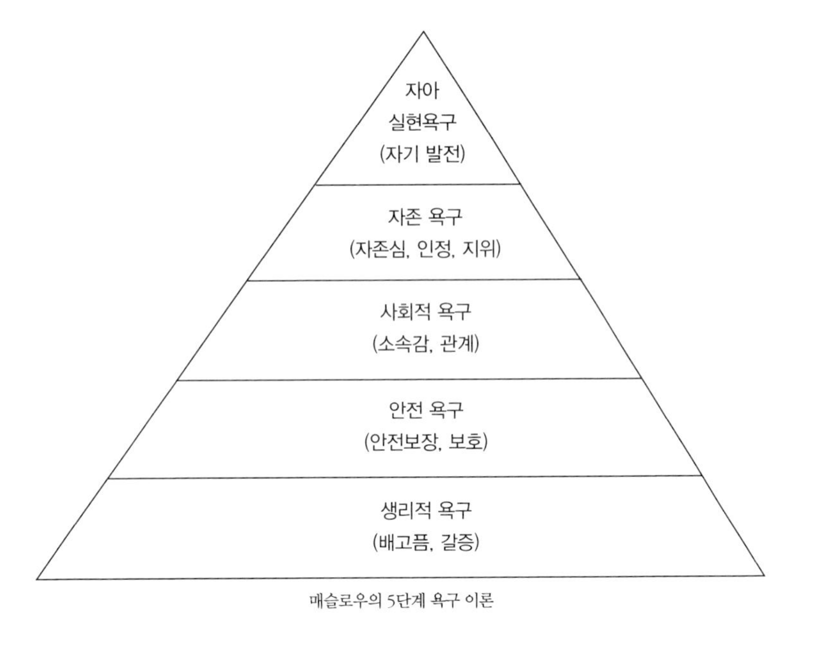

매슬로우의 5단계 욕구 이론

매슬로우의 5단계 욕구 이론을 회사생활에 적용하면 1단계와 2단계는 연봉과 정년, 안정성, 근무환경에 대한 욕구이며 3단계는 회사동료와의 관계에 해당한다. 4단계는 승진과 같은 높은 지위에 해당하고, 5단계는 회사생활에서 얻을 수 있는 자기 발전에 해당한다.

이 중 1단계와 2단계, 4단계는 회사 또는 경영층에서 관리하는 요소로 중간관리자인 리더가 할 수 있는 권한이 적은 경우가 많다. 만일 이런 부분까지 개선할 수 있다면 더 쉽게 리더십을 발휘할 수 있을 것이다. 하지만 조직에는 규범과 관습이 있으니 괜히 안 되는 일에 얽매이지 말자. 따라서 이런 부분에 노력을 쏟는 것보다 현실적으로 실현 가능한 부분에 집중하는 것이 좋다.

리더로 좀 더 집중할 부분은 3단계 소속감, 관계에 관한 욕구와 5단계 자기 발전의 욕구다. 3단계 소속감, 관계에 관한 욕구는 팀원(프로그래머를 편의상 팀원으로 보자)들의 관심부터 시작하는 것이 좋다.

사람은 자신에게 관심을 두는 사람에게 호감을 가진다. 회사동료, 팀원과의 갈등은 그 사람에 대해 거부감을 가지면서부터 시작한다. 능력, 성격, 외모 등 마음에 들지 않는 부분이 생기면 그 점에 대해 신경을 쓰게 되고, 갈등이 시작되곤 한다. 리더는 관계가 좋은 팀원과 잘 지내는 것보다 거부감을 가지는 팀원에 대한 갈등을 제거하고 그 팀원에게 소속감을 느끼도록 바꾸는 것이 중요하다.

'일이 힘든 건 참아도 사람이 힘든 건 참을 수 없다'는 말이 있다. 리더와 갈등이 있고, 거부감이 있다면 팀원은 떠나가기 마련이다. 그 때문에 리더는 팀원과의 관계를 원활하게 하고 소속감, 관계를 느낄 수 있도록 노력해야 한다. 소속감, 관계에 대한 욕구에 문제가 없으면 팀원은 안정감을 느끼게 된다. 일이 힘들어도 어디 가서 이만한 사람들을 만나기 어렵다는 생각을 가지게 된다.

소속감, 관계의 문제가 해결되면 5단계인 자기 발전의 욕구를 충족시킬 수 있도록 희망을 주는 것이 필요하다. 리더와 함께하면 자신의 기술 또는 경력, 성과와 같은 자기 발전의 기회를 얻을 수 있다고 생각할 때 미래에 대한 희망을 품게 된다. 자기 발전의 욕구는 팀원의 마음을 움직일 수 있는 강력한 힘을 가진다. 희망에 찬 사람은 스스로 움직이고, 어려운 환경을 극복해 낸다.

자기 발전의 기회를 주는 방법은 팀원이 잘할 수 있는 자질을 찾는 것부터 시작한다. 팀원의 장점을 찾아내고, 자질을 성장시킬 수 있도록 기회를 주는 것이다. 문서를 잘 만드는 팀원, 프로그램을 잘 짜는 팀원, 인내심이 있는 팀원, UI를 잘 구성하는 팀원과 같이 각기 다른 소질을 가지고 있다. 이런 능력은 회사생활에 도움이 되기 마련이다. 리더는 이런 자질을 찾아서 격려하고 성장시킬 기회를 주어야 한다. 잘하는 것을 칭찬하고, 기회를 주면 이미 가지고 있던 소질이 꽃을 피우게 된다. 팀원 스스로 능력이 향상되는 것을 느낄 수 있기 때문에 업무에 보람을 가지게 된다.

다음으로 목표를 설정해 주는 것이 필요하다. 목표는 항상 크고 화려하게 정해주는 것이 좋다. 만일 문서를 잘 만드는 팀원이라면, 문서작성 전문가를 넘어서 '상위 1%의 specialist' 또는 '국내 최고의 문서작성자'를 목표로 제시해 주는 것이다. 중간에 성취감을 느낄 수 있도록 관련 자격증을 딸 수 있는 과정도 알려주는 것이 좋다. 현대 사회는 분업화되어 있기 때문에 어떤 분야에서 전문가라고 인정받는 것은 자기 발전의 좋은 방법으로 활용할 수 있다.

필자의 경험을 말해보겠다. 어느 날 회사동료가 다음날 회사를 그만둔다는 얘기를 들었다. 궁금증이 생겨 당사자를 찾아가 대화를 해보니 회사의 근무환경은 좋은데 함께 마음을 열고 대화할 동료가 없어 힘들고, 희망이 없다는 것이었다. 그 동료는 다른 동료들과 잘 어울리지 못하는 성격 탓에 힘든 일이 많이 있었다. 메슬로우의 욕구 이론 중 3단계가 충족되지 않았던 전형적인 경우였다.

그 얘기를 들은 필자는 운영하던 프로그램 공부 소모임에 그 동료를 초대했고, 그 동료는 소모임을 통해 소속감과 자기 발전의 욕구를 금방 회복할 수 있었다. 그 동료는 회사를 그만두지 않고 계속 다녔다. 근무환경이나 급여, 승진과 같은 조건의 변화 없이도 프로그래머가 움직일 수 있음을 깨달았다.

회사에서 주어지는 권한에 한계가 있더라도 리더십을 발전시킬 수 있다. 권한에 한계가 있는 것은 리더(중간관리자)라면 모두가 같은 입장이다. 주어진 조건 속에서 어떤 부분에 선택과 집중을 하는지에 따라 그 효과가 달라진다. 관계를 강화해서 소속감을 주고, 자기 발전의 기회를 주는 것부터 시작하면 효과적이다.

05 노하우를 전수해서 좌청룡, 우백호를 만들자

"선비는 자신을 알아주는 사람을 위하여 목숨을 바치고,
여인은 자신을 기쁘게 해주는 사람을 위하여 얼굴을 꾸민다."

士爲知己者死 女爲說己者容

– 사마천 사기

성공적인 리더십을 보여주면 자연스럽게 사람이 모이기 마련이다. 그러나 많은 사람이 모였지만 조직화하지 못한다면 팬클럽과 다름이 없다. 리더를 따르는 사람의 힘을 효율화하기 위해 조직이 필요하고, 이를 구성하거나 움직이게 할 지렛대로 사용하는 것이 흔히 '왼팔과 오른팔'이라 부르는, 좌청룡–우백호다.

좌청룡–우백호를 갖추기 위해서는 가장 신뢰하는 팀원을 선정하여 실력을 성장시켜야 한다. 좌청룡–우백호가 될 재목이 보인다면, 그들에게 먼저 다가가서 신뢰와 충성심이 생기게끔 노력해야 한다. 그리고 그들이 성실하게 일해주길 바란다면 리더가 먼저 성실하고 올바른 모습을 보여야 한다. 신뢰로 이루어진 관계는 쉽게 만들어지지 않는다. 리더가 가진 기술과 노하우를 전수하고, 무한한 신뢰를 주어야 한다.

이렇게 신뢰가 바탕이 되어 이뤄진 좌청룡–우백호는 일을 믿고 맡길 수 있다는 큰 장점을 주며 이는 심리적인 안정으로 이어져 팀의 안정성에도 기여하고 장기적으로 팀의 성공을 도모할 수 있는 기반이 된다.

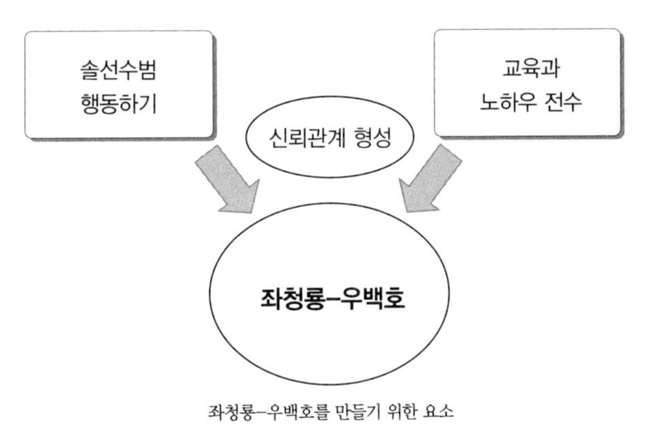

좌청룡–우백호를 만들기 위한 요소

이때 주의할 점은 팀원이 치고 올라오는 것을 두려워해서 리더가 핵심기술은 빼고, 중요하지 않은 기술만 전수하면 안 된다는 것이다. 핵심기술이 빠진 것을 팀원이 알게 되면 리더가 자신을 신뢰하지 않고 있다고 느끼고 리더에 대한 신뢰감을 거둘 것이다.

리더는 점점 성장하는 팀원이 자신의 자리를 위협하는 것을 크게 두려워할 필요가 없다. 팀원이 리더를 뛰어넘을 확률은 10%에 지나지 않는다. 또한, 대부분의 회사는 인재를 육성하는 리더를 더 중용하지, 인재를 육성한 리더를 내치지는 않는다. 리더의 도움으로 성장한 팀원도 리더에게 고마움을 느끼고 존경심을 보이면 보였지 자신을 키워준 리더를 배반하는 경우는 드물다. 따라서 팀원이 치고 올라오는 것을 두려워해서 앞길을 막는 전략은 하책에 불과하다.

좋은 리더가 되기 위해 제일 먼저 세워야 하는 목표는 본인이 자리를 비웠을 때도 업무가 정상적으로 잘 돌아가게 하는 것이다. 리더가 자리를 비웠을 때 업무에 혼돈이 생기고, 본인이 다시 돌아와서야 업무가 정상적으로 돌아간다면 팀에 문제가 있다고 생각해야 한다. 그리고 본인이 없어도 팀이 돌아가는 상황을 자신의 입지가 줄어드는 것으로 생각할 필요가 없다. 좋은 리더로서 본인의 가치를 잘 증명한 것으로 뿌듯하게 생각하면 된다. 팀원과 한 배에 탔다는 생각으로 모두에게 좋은 결과를 낳을 수 있게 만들고, 본인도 한 단계 성장할 수 있는 계기로 만들어야 한다.

팀을 구성해서 실력을 겨루는 온라인 게임을 하다 보면 성패 여부에 따라 팀의 분위기가 큰 차이를 보인다. 승리한 팀은 서로에게 공치사를 나누기 바쁘지만, 패배한 팀은 서로의 탓을 하며 다투기 바쁘다.

회사 업무와 프로젝트도 마찬가지다. 성공하면 팀원과 그 성과를 나누고, 서로에게 수고의 덕담을 건네며 화기애애한 분위기가 만들어지지만 실패하면 그에 대한 실패 원인을 찾게 되고, 1차로 리더가 가장 큰 책임을 진다.

지금까지 1장에서 리더십의 본질과 프로그래머의 리더가 가져야 할 리더십에 대해서 알아보았다. 다음 장에서는 프로젝트 관리에 대해서 알아보자.

chapter 2

프로젝트 관리

06 새로운 프로젝트에 대한 두려움을 던져라

"직장에서 마음을 설레게 만드는 일은
항상 새로운 업무에 도전하는 것이다."

– 하마구치 나오타

새로운 프로젝트를 하기에 앞서 두려움은 누구에게나 생긴다. 특히 해본 적이 없는 규모가 큰 프로젝트를 해야 할 경우 두려움은 더해지기 마련이다.

프로젝트로 자체로 인한 두려움은 두 가지로 분류할 수 있다. 하나는 기술적 난관과 지식의 부족함에서 오는 것이고, 또 하나는 프로젝트의 중요도나 실적에 대한 압박감에서 오는 것이다.

그러나 기술적 난관과 지식의 부족함에 대한 두려움은 보통 프로젝트 전체의 문제가 아니라 일부분을 몰라서 해낼 수 있을지에 대한 걱정인 경우가 많다. 작은 문제에 대해 크게 걱정하는 것이다. 프로젝트에 존재하는 hot spot은 시니어 프로그래머와 함께 고민하고 집중하면 풀리기 마련이다. 이 두려움은 해결하거나 회피할 방법이 나온다.

프로젝트의 중요도나 실적에 대한 압박감에서 오는 두려움은 감정적인 원인이다. 상사로부터 "이번 프로젝트에 기대가 크네!", "이번 프로젝트에 회사의 사활이 걸려있네!"라는 말을 들으면 그냥 일을 받았을 때보다 더 긴장하게 된다. 많은 이들의 시선이 집중된 프로젝트에는 책임감도 강하게 생긴다. 이 경우는 이성적인 방법으로 극복해야 한다. 프로젝트 시작 전에 유사한 프로젝트를 누가 했었고, 프로젝트를 할 때 사용될 자원이 얼마나 되는지 확인해 본다. 전임자와 나의 능력을 비교해 보고 자신도 그에 못지않다는 생각을 하면 일정 부분 걱정이 사라지게 된다.

그다음 함께 일할 팀원의 실력을 고려해 충분히 해낼 수 있는지 확인한 후 자료로 작성해 본다. 그러면 어느 정도 프로젝트의 성공 확률이 나올 것이다. 성공 확률을 객관적으로 산출하면 막막함과 두려움은 줄어들게 된다. 타인의 관심으로 생긴 부담감이 두려움을 만들어 내는 것이나 마찬가지다. 이러한 상황에서 '나는 할 수 있다!'라는 감정적인 극복 방법은 어느 순간 '과연 내가?'라는 의구심으로 흔들릴 수 있다. 따라서 성공 확률을 산출해서 의구심을 떨칠 수 있는 계기로 삼는 것이 바람직하다.

두려움의 유형과 해결방법

두려움 유형	해결방법
기술적 난관과 지식의 부족함에서 오는 두려움	기술 지식에 대한 부족함은 도움을 받아 해결하거나 회피할 수 있다.
프로젝트의 중요도나 실적에 대한 압박감에서 오는 두려움	성공 확률을 객관적으로 산출해서 돌파한다.

또한, 리더는 팀원에게 일을 시킬 때도 팀원이 프로젝트에 대한 두려움을 가진다는 것을 잊지 말고 적절히 두려움을 잘 극복할 수 있게 도와야 한다. 팀원에게 감정적으로 책임감을 느끼게 하되 기술적인 도움을 주면 된다.

두려움은 앞에서 말했듯 스스로 만들어 내는 것이다. 자신의 능력과 가능성을 의심하지 말고, 이 일을 해내겠다는 목표의식을 가져보자. 사람은 본능에 따라 주변의 존경을 얻고자 하는 욕구가 크기 때문에 자신이 프로젝트에 성공했을 때의 즐거움과 주변 사람이 기뻐할 것을 생각하면 더욱 힘이 날 것이다.

07 프로젝트 착수 전에 검토해야 할 사항

"애플은 많은 잘못된 일에 열심이었습니다.
애플에는 뛰어난 사람이 많았지만, 그들은 잘못된 일을 하고 있었습니다.
왜냐하면, 계획을 잘못 세웠기 때문입니다."

– 1997년 보스턴 맥월드, 스티브 잡스

새로운 프로젝트를 시작하기 전에 해당 프로젝트의 성공 가능성이 있는지에 대한 타당성을 검토해야 한다. 타당성에 대한 검토는 보통 몇 가지 조건을 바탕으로 판단하게 된다. 이 프로젝트를 시작하면 이익이 얼마나 발생할지, 일을 진행할 만한 환경을 갖추고 있는지, 프로젝트로 인해 생길 효과는 얼마나 되는지를 점검한다.

만약 이 조건을 모두 만족했다면 마지막으로 프로젝트를 실행할 여력에 대해 좀 더 세밀하게 확인해 본다. 프로젝트를 진행하는 데 필요한 자원과 인력, 일정을 확인하고, 기술적으로 어느 정도의 품질향상을 이루어 낼 수 있는지 팀의 실력을 확인한다. 이런 사항을 검토하여 한 가지라도 부족한 부분이 있다면, 아무리 좋은 프로젝트라 해도 진행하는 데 무리가 생긴다.

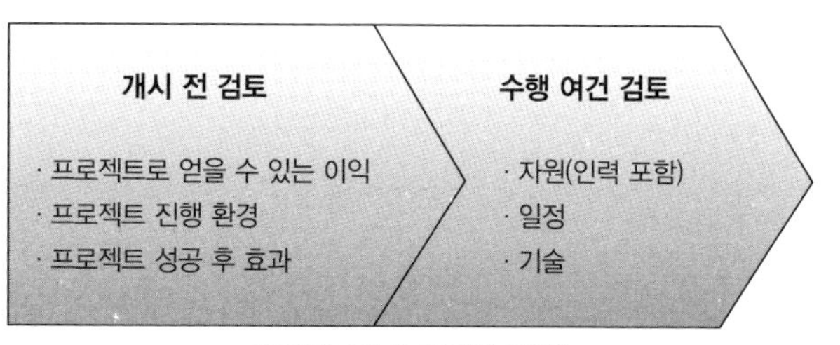

개시 전 검토
· 프로젝트로 얻을 수 있는 이익
· 프로젝트 진행 환경
· 프로젝트 성공 후 효과
수행 여건 검토
· 자원(인력 포함)
· 일정
· 기술

프로젝트 시작 시 검토해야 할 내용

프로젝트를 실행할 수 있는 조건이 완벽하다면, 성공했을 때 얻을 수 있는 이득과 '블루오션'을 개척할 수 있다는 희망을 품고 시작할 수 있을 것이다. 사실 이렇게 한 방향으로 쉽게 결론이 나는 경우는 큰 고민거리가 생기지 않는다.

정말 힘든 때는 여러 가지 부족한 자원 때문에 프로젝트를 시작해야 할지 말아야 할지 결정하지 못하는 경우다. 프로젝트 진행을 주장하는 측과 반대하는 측의 토론이 반복되고, 당사자들을 지치게 한다. 프로젝트 시작을 결정하였더라도 순탄한 진행을 보장받지 못한다. 반대했던 위험요소의 실체가 드러나고, 미처 생각하지 못한 문제가 중간에 나타나서 진행을 어렵게 만든다. 이미 진행하기로 했기 때문에 프로젝트를 포기하기도 쉽지 않다.

이렇게 진행의 가부를 판단하기 어려운 프로젝트를 검토할 때, 리더가 주의할 점은 결정에 대한 번복은 최대한 자제해야 한다는 점이다. 결정한 내용에 대한 약속을 지키지 못하고, 뒤집게 되면 팀원은 중요한 선택에 갈팡질팡하는 리더의 판단력을 의심하는 데에 이르게 된다. 최악의 상황에서는 팀 리더에 대한 팀원의 신뢰를 잃을 수 있다. 프로젝트를 포기하더라도 팀 조직의 신뢰성은 지켜야 한다. 왜냐면 앞으로도 이들과 함께 다음 프로젝트를 계속 해야 하기 때문이다.

확실한 설명을 위해 프로젝트 시작을 검토하는 과정에서 구체적으로 어떤 상황이 일어날 수 있는지 가상의 상황을 예로 들어보도록 하겠다.

프로젝트에 대해 검토를 하고 있는 한 팀원이 '프로젝트가 앞으로 진행되기 힘들 것 같다'고 말한다. 팀원이 하는 말을 자세히 들으니 '아직 프로젝트를 진행할 기술과 필요한 자원이 없다'고 하는 것이다. 듣고 보니 팀원의 말이 그럴듯하다. 한 번도 안 해 본 프로젝트인데다가 괜히 무리해서 진행하기엔 위험요소가 많다고 생각된다. 긴 고민 끝에 프로젝트를 못하겠다고 팀원들에게 말한다.

하지만 회사 경영진에서는 '절대 이 프로젝트를 포기해서는 안 된다고 하며 반드시 진행해야 한다'고 말한다. 이 프로젝트가 회사 유지에 꼭 필요하다고 말이다. 경영진은 리더에게 '해보지도 않고 어렵다는 얘기만 하는가? 해보려고 시도도 하지 않고 못한다고 핑계만 댄다.'고 말한다. 심지어 '만약 프로젝트 진행을 하지 못하겠다면 리더를 교체하겠다'는 말까지 한다. 이렇게 되면 리더의 생명이 걸린 입장에서 경영진의 말을 무시할 수 없을 것이다.

경영진의 말을 듣고서, 마음을 바꿔 프로젝트를 다시 시작하면 처음에 프로젝트 진행 가능 여부에 의문을 품었던 팀원은 또다시 의문을 품고 질문할 것이다. 그 전에 검토했던 문제상황에 변화가 생겼는지 말이다. 하지만 자원이 늘어나거나 문제가 해결된 것이 아니라 경영진의 의지만 확인된 것에 불과하다. 팀원은 '아무리 경영진의 압박이 있다고 해도 그렇지 억지로 한다고 해서 될 일이냐'며 불만을 토로한다. 어렵사리 프로젝트가 진행된다고 해도 팀원들의 적극적인 협조를 받기 힘들다.

예를 든 사례처럼 실제 이와 같은 팀원이 많다. 정말로 프로젝트를 잘 진행시키고 싶다는 마음이 있다면 다른 사람의 주장에 휩쓸리지 않고 자신의 의지를 관철시키는 용기가 필요하다. 위에 가상의 상황에 등장한 리더는 그렇지 못했다. 이는 리더에 대한 팀원의 신뢰를 떨어뜨리는 가장 흔한 경우다. 그러니 리더는 객관적인 눈으로 프로젝트 실행 여부를 결정해야 한다.

그동안의 필자 경험에 비추어 보면 번복하는 일이 생기는 프로젝트는 이미 진행되기 힘든 프로젝트였다. 반드시 진행할 필요가 있는 프로젝트는 결정을 번복할 일이 없다. 꼭 해야 할 프로젝트는 어떤 이유에서라도 놓치지 말아야 한다. 반면 애매하게 망설여지는 프로젝트라면 과감히 포기할 수 있는 결단력이 필요하다. 아쉬움이 남더라도 더 좋은 프로젝트를 찾아서 진행하면 된다.

프로젝트를 진행하면서 팀원도 양성해야 하는 리더에게는 리더십이 생명이다. 팀원에게 리더십을 의심받는 일이 생기지 않게 단호한 결단을 하는 것이 중요하다.

08 집중근무를 위한 일정관리 방법

"햇빛은 하나의 초점에 모일 때만 불꽃을 피우는 법이다."

– 알렉산더 그레이엄 벨

여러 일을 한 번에 해야 할 때 어떻게 하면 효율적인 업무지시를 할 수 있는지 스케줄링 방법에 관해 이야기해보려 한다. 그 전에 프로그래머에게 익숙한 CPU의 스케줄링 방법을 되새겨보자.

CPU가 프로그램을 처리하는 방법은 크게 두 가지 유형으로 나눌 수 있다. 하나는 '비선점형 스케줄링'이고 다른 하나는 '선점형 스케줄링'이다.

'비선점형 스케줄링'은 한 번 프로그램을 시작하면 완료될 때까지 다음 프로그램이 기다린다.

'선점형 스케줄링'은 보다 급한 프로그램이 있으면 진행하던 프로그램을 멈추고 우선순위가 높은 프로그램을 실행한다. '선점형 스케줄링'에서 프로그램을 교체할 때, 'Context Switching'이라는 Overhead가 발생하게 된다. 기존의 프로그램이 실행되는 위치, 계산 중이던 수치, 상태 정보 등의 자료를 저장한다. 그리고 새로 실행할 프로그램의 코드 위치, 변수, 상태를 새로 읽어 들이는 작업을 부가적으로 한다. 실제로 일을 하는 시간을 제외하고 부가적인 작업에도 시간이 소모되어 비효율적인 작업을 하게 된다. 이를 개선하기 위해 '멀티코어 CPU'가 나왔다.

프로그래머의 업무방식을 살펴보면 CPU의 '선점형 스케줄링'과 유사한 모습을 보인다는 것을 알 수 있다. 차이점은 하던 작업을 멈추고 다른 업무를 시작할 때 Overhead의 정도가 CPU보다 더 심하다는 것이고, 사람은 '멀티코어 CPU'처럼 한 번에 여러 가지 일을 완벽히 해낼 능력이 없다는 것이다. 멀티코어 CPU와 달리 사람의 머리는 여러 개가 아니다.

프로그래머가 하나의 업무를 시작하게 되면, 프로그램의 구조와 업무를 파악하는 준비기간이 필요하다. 준비 작업을 거쳐 실제로 작업을 시작하면 프로그래머는 구현에 몰입하게 된다. 이 시기에 프로그래머는 가장 높은 업무 효율을 보인다. 이때는 프로그래머도 시간이 어떻게 지나가는지 모를 정도로 집중하게 된다. 이런 과정을 통해 업무에 탄력을 받고 성과를 내기 위한 속도를 내기 시작하는 것이다.

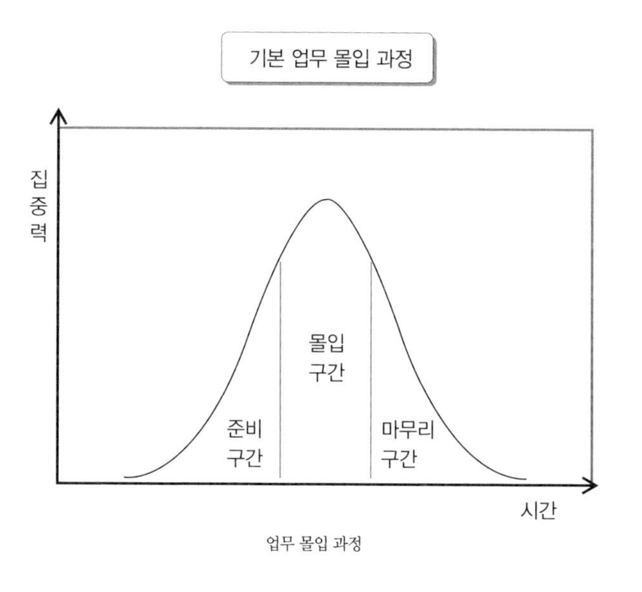

업무 몰입 과정

그러나 현실의 업무는 이렇게 이상적이지 않다. 가장 큰 문제이자 변수는 업무 중 또 다른 업무가 들어와 작업을 교체해야 할 때이다. 먼저 하던 업무가 몰입구간에 들어가기 전에 다른 업무를 지시받게 되면, 이미 진행 중이었던 업무의 기억이 흐지부지된다. 새로 받은 작업을 마무리하고, 다시 돌아와 이전 작업 진행하려면 또다시 준비해야 한다. 기억을 되살리기 위해서 준비하는 시간 때문에 불필요한 시간이 늘어나게 된다. 따라서 프로그래머의 업무효율을 높이는 방법은 최대한 순차적으로 업무를 처리하는 것이다.

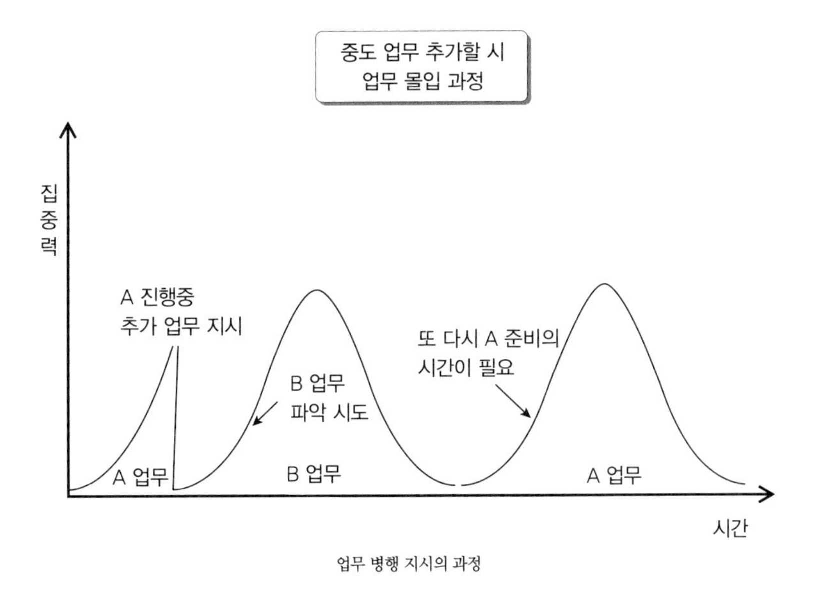

업무 병행 지시의 과정

프로그래머가 순차적으로 업무를 처리하지 못하게 만드는 가장 큰 요인은 상급자의 업무지시다. 따라서 리더는 이를 주의해야 한다.

리더가 새로운 일이 생길 때마다 바로 프로그래머에게 이를 알리고 우선순위를 바꾸라고 한다면 프로그래머는 진행하던 작업을 멈추고, 새로운 업무를 준비하고 어떻게 해결할지 생각하게 된다. 그런데 이대로 일이 진행되지 않고 변경되거나 취소된다면 그 사이 프로그래머가 준비해놓았던 것은 모두 물거품이 되고 만다. 그러니 리더는 새로운 업무에 대한 정보가 확실해질 때까지 프로그래머에게 통보하지 않고 지금 프로그래머가 한창 진행하는 작업이 완료될 때까지 기다려야 한다.

일부 리더는 동시에 여러 가지 업무를 지시하는 것이 효율적일 것이라는 착각을 한다. 일을 부족하게 주면 인적자원을 낭비하는 것이라는 관리자 마인드가 작용하는 탓이다. 하지만 이것은 잘못된 생각이다. 일의 양을 최대치로 미리 주는 것은 제조업과 같은 단순 생산작업에서나 적합한 방식이고, 지적 노동을 하는 프로그래머에게는 적합하지 못한 방식이다. 여러 가지 일을 동시에 처리하려다 보면 앞서 말한 Overhead가 더 증가하고, 실제 능력에 한참 못 미치는 결과가 나온다.

위와 같은 이유로 리더는 프로그래머에게 한 번에 하나의 업무를 할 수 있도록 스케줄을 배정해야 한다. 만일 두 개 이상의 업무를 준다면 반드시 중요도에 따라 우선순위를 지정하여 선 진행작업을 완료한 뒤에 다음 작업을 할 수 있도록 해야 한다.

프로젝트를 하다 보면 요구사항이 변경되거나 급한 일이 발생하는 일은 빈번하게 발생한다. 그러나 프로그래머는 두 개의 업무를 동시에 처리할 때

혼란을 느낀다. 이때 프로그래머가 리더에게 의견을 묻는다면 리더는 어떤 일이 더 중요한지 결정해 주고, 선후 관계를 알려주어야 한다. 급한 일 중 하나를 포기하고, 그 결정에 대해 리더가 책임을 져야 한다.

만약 리더가 '두 개 모두 급한 일이니 기간 내에 다 해오라'고 말한다면 이것은 책임을 회피하는 것이고, 결과적으로 두 개의 업무 모두 실패를 불러올 가능성이 높다.

필자의 경험에서도 두 가지 일을 한 번에 하려고 했을 때, 하나도 성공한 적이 없었다. 또 둘 중 하나를 미뤄 두고 중요한 한 가지에 집중했을 때 일을 망쳤다고 책임진 경우도 없었다. 오히려 둘 중 하나만이라도 성공했을 때 다른 사람보다 뛰어난 실적을 냈다고 인정받았던 때가 많았다. 그러니 일을 한꺼번에 처리하려는 욕심을 내기보다는 한 가지라도 제대로 하는 것이 중요하다.

09 요구사항은 반드시 적도록 하자

"독서는 해박한 사람을 만들고, 대화는 현명한 사람을 만들며,
필기는 정확한 사람을 만든다."

– 프란시스 베이컨

주니어 프로그래머일수록 요구사항에 대한 분석이 허술하다. 그리고 그 원인을 찾아 히스토리를 살펴보면 의외로 요구사항에 대한 아무런 기록이 남

아 있지 않은 경우가 있다. 주니어 프로그래머가 요구사항을 기록으로 남기지 않고 요구사항을 자의적으로 판단해서 요구사항과 거리가 먼 프로그램을 개발하는 사례다. 처음 자신이 받은 요구사항이 무엇인지 잘 모를 때도 있다.

필자는 이러한 문제가 발생하는 것을 최소화하기 위해 프로그래머에게 요구사항을 전하거나 업무지시를 할 때면 반드시 노트를 가져오게 했다. 그리고 요구사항을 반드시 기재하게 했다. 프로그래머가 노트를 소지하지 않으면 회의를 시작하지 않았고, 회의 중 기재사항을 체크도 했다.

이유는 명확하다. 프로그래머의 자의적 판단을 줄이고, 요구사항이 그대로 이행될 수 있도록 사전준비를 하는 것이다. 이렇게 하는 것이 번거롭고 귀찮아 보일지라도 프로젝트를 더 효율적이고 올바른 방향으로 진행할 수 있게 만드는 가장 손쉬운 방법이다. 학창시절이 끝났다고 해서 더는 필기를 하지 않아도 된다고 생각한다면 큰 오산이다. 업무에 관한 것은 꼼꼼히 필기해 두어야 한다. 요구사항을 정확히 기록해 두는 것은 오류나 오해를 최소화할 수 있는 기본적인 방법이다.

대뇌 과학자들은 '손은 제2의 뇌'라고 할 정도로 필기의 중요성을 강조한다. 인간의 두뇌는 '하드디스크'보다 '램'에 가깝다. 정보를 담아두는 기능보다, 생각하고 창조하는 것에 더 적합한 것이다. 하드디스크는 없고 램만 있는 컴퓨터로 업무를 진행한다고 생각해보라. 전원이 꺼지면 모든 내용이 사라진다.

필기하지 않는다면 컴퓨터에 하드디스크가 없는 것과 무엇이 다르겠는가? 손으로 필기하는 것은 뇌를 더 효율적으로 사용할 수 있게 해준다. 뇌는 좀 더 창의적인 일에 사용하는 것이 더 생산적이다. 필기를 강조하는 것은 뇌를 더 생산적인 곳에 활용하라는 의미다.

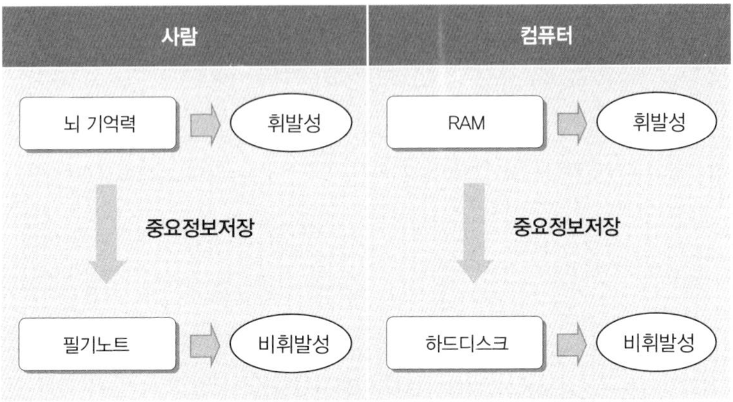

사람		컴퓨터	
뇌 기억력	휘발성	RAM	휘발성
중요정보저장		중요정보저장	
필기노트	비휘발성	하드디스크	비휘발성

사람과 컴퓨터의 정보 저장 구조

성공한 사람을 보면 그들이 '메모광'이었다는 것을 알 수 있다. 그들은 사소한 것을 기억하는 대신에 더 중요한 것에 창의적으로 머리를 쓴다. 적어두면 얼마든지 찾아낼 수 있는 단순 정보를 기억하는 것과 순간의 번뜩이는 아이디어를 기억하는 것은 결과적으로도 큰 차이가 난다.

자신의 기억력을 과신하지 말고 겸손한 자세로 필기하는 습관을 들이기 바란다. 매일 수많은 정보를 받아들이고 그 정보가 모두 내 것이 되었다고 믿지만, 손으로 기록해 두지 않으면 그것은 진짜 내 것이 아니다.

작은 수첩과 필기도구를 들고 다니면서 좋은 생각이나 중요한 일이 있으면 육하원칙으로 간단명료하게 적어두는 습관을 들여야 한다. 업무 요구사항, 지시사항 외에 자신의 어떠한 생각이라도 필기해 두면 반드시 도움이 된다. 별것 아니라고 생각했던 짧은 기록이 나중에는 더없이 중요하게 쓰일 때가 있을 것이다. 이러한 작은 습관이 더 많은 일을 할 수 있는 여유를 줄 것이고 상대방에게는 적극적이고 성실하다는 좋은 인상을 준다.

덧붙여서 요구사항을 정확하게 전달하길 원한다면 직접 적어서 프로그래머에게 주는 것도 좋은 방법이다. 프로그래머는 리더의 의중을 모를 때 가장 막막해 한다. 구체적인 업무지시는 프로그래머의 혼란을 줄일 수 있다.

10 개발현장이 가장 중요하다

"현실은 고려치 않고 책상 위에서 나누는 쓸데없는 의론"

탁상공론[卓上空論]

프로그래머에서 중간관리자가 된 리더가 관리업무에 익숙해지면 관리 노하우는 쌓이는 대신 개발에 대한 프로그래머의 감각은 점차 떨어지게 된다. 이렇게 되면서 프로그래머와 관점의 차이가 생기고 탁상공론 같은 지시나 지극히 당연한 말만 하게 된다. 필자는 우스갯소리로 이것을 '입스타'(말로만 하는 스타크래프트)라고 부른다. 말로는 우주를 왕복하는 로켓도 쉽게 만들 수 있다.

리더가 '입스타'를 하는 것은 좋지 않은 결과를 초래한다. 답은 개발현장에 있다. 개발현장에서 가장 필요한 리더의 행동은 프로그래머의 일을 덜어주는 것보다 상황이 어떻게 돌아가고 있는지 정확하게 파악하는 것이다. 현재 진행하는 업무의 난이도와 작업량이 프로그래머의 능력에 적합한지도 파악해야 한다.

프로그래머에게 애로사항이 생겼을 때 침묵하는 리더가 의외로 많다. 막상 문제가 닥치니 어떻게 해야 할지 몰라 관망하는 것이다. 이는 리더로서의 올바른 태도가 아니다. 리더는 제대로 흘러가고 있는지, 어떤 문제가 발생했는지 파악하고 판단을 해줘야 한다.

일차적으로 의사결정을 하고, 이차적으로 의사결정에 대한 책임을 져야 한다. 의사결정에 대한 책임은 매우 중요하다. 리더에겐 의사결정 권한이 있는 만큼 책임도 져야 한다. 만약 리더가 자신의 결정에 책임을 지지 않고 회피한다면 그것은 리더가 지녀야 할 자질이 부족한 것이다.

한편, 리더가 어떻게 흘러가는지 개발현장을 보다가 프로그래머가 하는 업무에 직접 개입하는 경우가 있다. 개발현장에서 프로그래머에게 방안을 제시하거나, 해결해 주기도 한다. 리더는 나름대로 프로그래머를 생각해서 행동한 것이겠지만, 이는 그리 좋은 방법이 아니다. 리더가 직접 나서면 프로그래머는 더 효율적인 방법이 있어도 그대로 따르는 부담을 안게 된다.

리더가 담당해야 할 중요한 임무 중 하나는 인재 양성이다. 프로그래머의 업무능력을 키우기 위해서는 실전을 자주 접할 수 있게 해주는 것이 필요하다. 그러니 주니어 프로그래머에게 개발만 시키지 말고 고객의 요구사항을 직접 듣게 하고, 유관부서와 협의 미팅에 참석하게 하자. 아직 미흡하더라도 프레젠테이션을 준비하고 발표하는 기회도 주자.

프로그래머를 인재로 성장시키기 위해 리더가 배려해야 할 것 중의 하나는 현장 리더십을 함양시키는 것이다. 이를 위해서는 점진적으로 모든 것을 맡겨야 한다. 예산관리부터 조직구성, 구축, 운영까지 모두 맡기는 것이 좋다. 혹시나 일을 그르칠까 염려되어 일부만 맡기게 되면 그가 맡은 일에 대한 책임감과 노력도 그만큼 줄어들게 된다. 전부 맡긴다고 해서 관망하라는 말은 아니다. 프로그래머가 물어보면 중간중간 코멘트를 해주고 힘들 때는 외면하지 말아야 한다.

또한 일을 전적으로 맡기는 대신 책임은 리더가 질 테니 걱정하지 말고 자신의 능력을 발휘하라고 믿음을 주어야 한다. 프로그래머는 훗날 지금 자신의 리더와 비슷한 모습을 하게 된다. 다음 인재를 길러낼 수 있는 인재를 길러내야 한다.

회사가 급격하게 성장하게 되면 관리 체계는 그 속도를 따라잡지 못하고 뒤처지는 경우가 많다. 안정적인 미래를 위한다면 회사의 규모에 맞게 현장을 관리하는 시스템을 구축하는 것이 필요하다. 규모가 커지면 관리해야 할 범위 또한 넓어져 무엇을 어떻게 관리해야 하는지 경계가 모호해진다. 그러므로 규모가 커진 개발현장을 파악한 뒤 그에 맞는 업무프로세스를 만드는 것이 중요하다.

업무프로세스에서 가장 중요한 것은 체크리스트와 문서 양식이다. 체크리스트를 통해 빠진 부분이 없는지 확인하고, 문서로 자료를 남기기 위해서는 샘플예제와 규격화된 양식이 있어야 한다. 문서 양식은 부가적으로 발생하는 문서작성 시간을 줄여주고, 문서의 품질을 상향 평준화해 준다.

그리고 리더는 회사의 상황이 위태로울 때, 혹은 불안해 질 때를 미리 대비해야 한다. 인재를 확보하는 가장 확실한 길은 내부에서 인재를 육성하는 일이다. 외부에서 인재를 스카우트하는 일은 회사의 상황이 어려울 때는 쉽지 않은 일이다. 인재를 길러내는 방법은 위에서 언급했던 바와 같이 프로그래머에게 실전 경험을 하게 해주는 것이 가장 좋다.

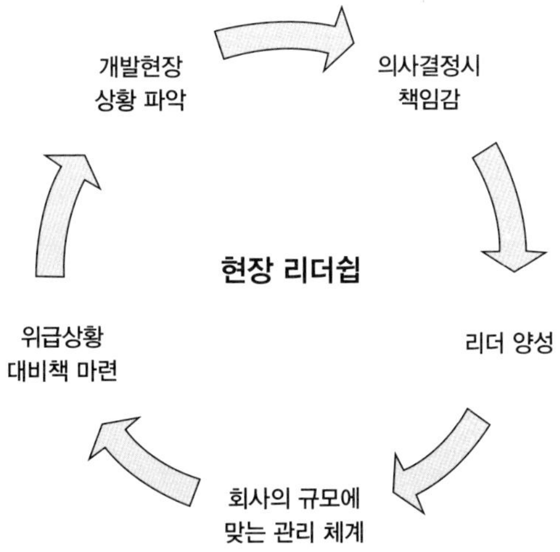

현장 리더십

개발현장
상황 파악

의사결정시
책임감

리더 양성

회사의 규모에
맞는 관리 체계

위급상황
대비책 마련

리더가 현장에서 해야 할 일

개발현장에 답이 있다는 사실을 잊지 말자. 개발현장에서 직접 체험해 쌓은 노하우는 머리로만 익힌 이론보다 정확하다.

11 Pair Programming

"도움이 될만한 사람과 그 일을 함께하라.
함께 하면 혼자보다 효과적이고 포기하지 않는다."

– 윌리엄 메닝거

미국의 소프트웨어 개발자 켄트 백(Kent beck)이 제안한 XP(eXtreme Programming)라는 소프트웨어 개발방법이 있다. XP 개발방법은 소규모의 팀에서 이용하기 좋은 방법이다. XP 방법론에는 기본적으로 구성된 개발기법이 있는데 이 개발기법을 모두 이용하지 않고 일부 기술만 따로 떼어서 다른 개발방법론에 적용해도 유용하다. 여기서 언급하게 될 기술은 XP 개발기법의 하나인 '페어 프로그래밍(Pair Programming)'이다.

페어 프로그래밍은 모니터 하나를 두고 직접 코딩하는 프로그래머와 코딩하는 프로그래머 뒤에서 검토해 주는 프로그래머가 한팀이 되어 프로그래밍하는 것이다. 사실 요즘은 듀얼 모니터와 무선 키보드, 무선 마우스가 보편화되어서 더욱 편하게 작업할 수 있다. '백지장도 맞들면 낫다'고 이 두 프로그래머는 서로 상호보완적인 역할을 한다. 주어진 기한 동안 두 프로그래머는 서로의 지지대가 되어 단기간에 집중할 수 있게 해준다. 혼자 일하게 되면 방향을 잡는 데 어려움을 겪게 되고 생각의 한계가 있기 마련인데, 두 사람이 함께 브레인스토밍을 할 수 있어 더 효율적인 방법을 찾아내는 데 도움이 된다.

페어 프로그래밍의 가장 좋은 장점은 함께 일하면 신규 개발에 대한 부담감이 덜하다는 것이다. 위험도가 있는 일을 맡게 되어도 부담이 적다. 또한 사람이 객관적으로 검토하고 있기 때문에 미리 문제를 예방하기에도 좋다. 디버깅할 때도 혼자서 발견하지 못할 수 있는 문제를 발견할 수 있다. 이렇게 프로그램의 버그를 줄여서 소프트웨어의 품질이 좋아지고 납기도 짧아진다. 따라서 생산성이 40% 이상 증가된다. 실전에서 함께하기 때문에 교육적인 효과도 매우 커서 주니어 프로그래머의 실력을 향상시키는 데도 도움이 된다. 번갈아 가면서 프로그래밍을 할 수 있기에 주니어 프로그래머가 시니어 프로그래머의 기술을 배우고 익히기에 매우 수월하다. 그리고 각자 가지고 있던 테크닉을 공유할 수 있어 이론적으로 기술을 공유하는 것보다 더 쉽게 익힐 수 있다.

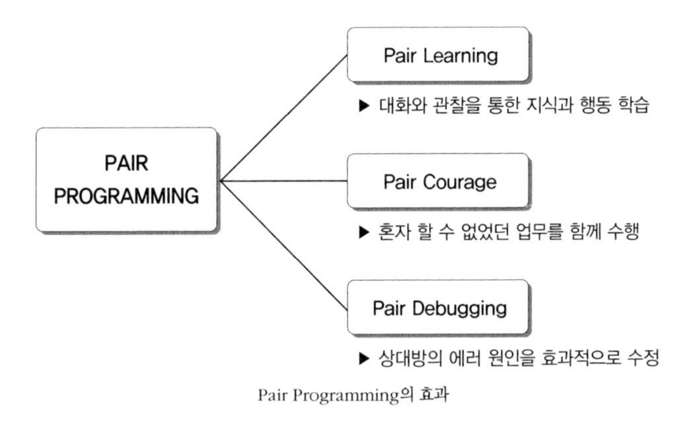

Pair Programming의 효과

페어 프로그래밍을 진행할 때 주의할 점이 있다. 주니어 프로그래머와 함께할 때는 주니어 프로그래머가 배우기에 무리가 가지 않는 수준의 프로그래밍을 하는 것이 좋다. 갑자기 복잡한 수준의 프로그래밍을 하게 되면 배우고 흡수하는 데 어려움이 생기기 때문이다. 또, 페어 프로그래밍은 코드를 작성하는 프로그래머의 스트레스가 심해서 충분한 휴식을 취하면서 진행해야 한다. 소프트웨어 개발은 야근과 잔업이 많은데, 같은 근무시간을 유지하면서 페어 프로그래밍을 진행하면 스트레스가 심해진다. 필자의 경험한 사례 중에는 근무 강도가 너무 높아서 밤에 악몽을 꾼다는 직원도 있었다. 그러니 정규 근무시간 내에, 충분한 휴식을 취하면서 페어 프로그래밍을 진행하길 권한다. 일반적인 개발방법으로 두 명이 각자 프로그래밍을 하는 것보다 더 높은 생산성을 거둘 수 있을 것이다.

페어 프로그래밍으로 실력이 향상되면 프로그래머의 사기와 팀의 소프트웨어 개발역량이 증가한다. 주니어 프로그래머의 실력이 향상될수록 팀의 리더로서 성과도 인정받게 된다. 또한, 서로 공동으로 작업하면서 유대감이 생겨 신뢰감이 생기고 팀 내의 분위기도 좋아지는 효과를 거둘 수 있다.

12 프로젝트에 위기가 닥쳐왔을 때 어떻게 풀어낼까?

"지도자는 패배할 권리가 있지만 놀랄 권리는 전혀 없다."

– 나폴레옹 보나파르트

프로젝트를 진행하는 중에는 다양한 문제가 발생할 위험이 늘 존재한다. 고객의 요구사항 변경이나 일정의 문제, 경영진과의 갈등, 인력의 문제 등 다양한 위기가 올 수 있다. 팀을 이끌고 있는 리더의 위치에 있다면 문제로 인한 위기를 어떻게 대처해야 할 것인지 많은 고민을 하고 있을 것이다. 프로젝트 중에 겪는 위기는 팀 전체의 위기이기도 하다.

프로젝트의 위기는 어떻게 극복할 수 있을까? 위기를 극복하는 한 가지 방법으로는 먼저 수많은 위기를 겪어본 경험 많은 선배 리더의 조언을 구하는 것이다. 그러면 선배 리더 나름의 해결책을 제시해 줄 것이다. 먼저 성공했던 리더를 벤치마킹하는 것이다. 그러나 항상 선배 리더와 동일한 조건과 상황 속에서 문제가 일어나는 것이 아니기 때문에 과거 선배 리더가 해냈던 방법으로는 해결하지 못하는 경우가 더 많다. 언제나 프로젝트에는 돌발변수가 생길 수 있다. 예상치 못한 문제일수록 프로젝트에 미치는 영향은 더욱 커진다.

그렇다면 프로젝트를 진행하면서 위기를 맞이했을 때 리더는 어떻게 행동해야 할까?

쉽게 취할 수 있는 선택은 위기에 처한 상황을 팀원 모두에게 솔직히 말하는 것이다. 이 방법은 가장 민주적이고 많은 의견을 나눌 수 있으며 다 함께 힘을 모아 해결할 수 있으니 가장 효과적인 것처럼 보인다. 하지만 리더가 절대 해서는 안 될 방법이다.

리더가 팀원에게 "프로젝트 진행에 문제가 생겼다", "프로젝트에 큰 위기가 찾아왔다"고 말하면 팀원은 프로젝트가 실패하지 않을까 하는 불안함을 느낀다. '우리보다 경험이 많은 리더도 위기라고 하는데 우리가 해낼 수 있을까?'라는 생각이 들고 부담감이 커지게 된다. 프로젝트 위기 경험이 많지 않은 팀원들이 오합지졸이 되는 순간이다.

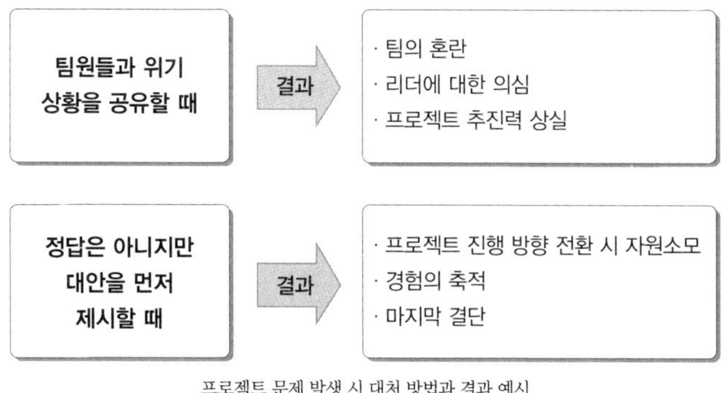

프로젝트 문제 발생 시 대처 방법과 결과 예시

권하고 싶은 방법은 리더가 위기 상황인 것을 겉으로 드러내지 말고, 정답이라는 확신이 부족하더라도 팀원들에게 위기를 극복할 대안이라 생각되는 방법을 제시하는 것이다. 문제를 해결할 방법이 당장 없더라도 대안을 해결책이라 믿게 하고, 일을 할 수 있게 만드는 것이다. 제시한 대안이 해결책이 되지 않는다 해도 일단 대안을 제시하고 다시 새로운 대안을 찾는다.

나폴레옹이 등장하는 유명한 우스갯소리가 있다. 나폴레옹이 전군을 이끌고 세찬 바람을 헤치고 산으로 올라갔다. 악전고투를 벌이며 산의 정상에 올랐지만, 나폴레옹은 “이 산이 아닌가 보다” 하고 다시 내려와 또 다른 산으로 올라갔다. 그 산에서도 나폴레옹은 “이 산이 아닌가 보다”고 했더니 졸병 하나가 “저놈은 나폴레옹이 아닌가 봐”라고 했다는 유머다.

유머 속에 나오는 나폴레옹이 바보스러워 보일지도 모르겠지만, 프로젝트 현실에서는 오히려 더 나은 선택일 수 있다.

위기를 바라보는 시선을 바꿔서 정답이 아니라도 대안을 찾아야 한다. 나폴레옹처럼 일단 산을 오르고 보는 것이다. 프로젝트 중간에 대안이 해결책이 아니라는 판단이 든다면 새로운 방법을 찾으면 된다.

위기가 발생하면 실패할 확률이 높아지는 것은 당연하다. 하지만 위기가 곧 실패로 귀결되는 것은 아니다. 그 상황에서 주저앉고 약한 모습을 보이지 않도록 하자. 앞으로 얼마나 많은 위기를 맞이할지 알 수 없는 일이다. 또 앞으로 몇 번이고 프로젝트를 맡을지도 모른다. 그때마다 무너지고 팀원들에게 약한 모습을 보일 수는 없는 일이다. 현재 맞게 된 위기를 '미래를 위한 노하우를 만들 기회'라고 생각했으면 한다. 팀원들이 리더를 믿고 있다는 잊지 말아야 한다.

폭풍같은 위기를 겪고 나서 프로젝트가 끝난 뒤에는 팀원들에게 어떠한 일이 있었는지 알려주는 것도 나쁘지 않다. 팀원들에게 왜 그렇게 고생을 시킬 수밖에 없었는지 이유를 알려주고 상황을 설명하며 노고를 위로해 주는 것이다.

13 프로그래머가 기술적 어려움을 호소할 때 대처방법

"사연을 듣기 전에 대답하는 자는 미련하여 욕을 당하느니라."

– 잠언 18장 13절

프로젝트를 진행하기에 앞서 리더는 팀원과 업무에 관하여 '무엇을 해야 하는지, 기한은 언제인지'와 같은 정보를 공유한다. 보다 완벽한 업무처리를 위해서는 이러한 지시 내용에 더하여 구체적인 설명을 덧붙여야 한다. 프로젝트를 진행하면서 생길 수 있는 기술적 문제와 그 해결방법, 참고해야 할 다른 프로젝트를 알려주는 것이 좋다. 이렇게 해야 프로젝트의 방향을 찾는 데 시간을 낭비하지 않고 효율적으로 일을 진행할 수 있게 된다.

업무지시를 받은 프로그래머는 개발을 시작할 것이다. 프로젝트가 문제없이 순탄하게 진행되면 좋겠지만, 기술적으로 어려운 일에 부딪히는 경우가 다반사다. 문제는 예상하지 못한 곳에서 발생한다. 프로그래머가 기술적으로 한계에 부딪혀서 리더에게 기술적 어려움을 호소한다면 리더로서 어떻게 대처해야 하는 것이 좋을까?

먼저 답을 모르는 경우를 생각해보자. 이럴 때는 도움을 요청한 프로그래머에게 방향을 잡을 수 있도록 도와주고, 리더 또한 이를 노하우를 쌓는 계기로 삼는 것이 중요하다. 세 가지 경우를 살펴보고 어떤 경우가 좋고 나쁜 대처 방법인지 함께 생각해 보도록 하자.

첫 번째로 프로그래머에게 스스로 문제를 잘 해결해 보라면서 위임하는 방법이다. 이것은 좋은 방법이 아니다. 왜냐하면, 이 방법은 문제 해결에 곤란을 겪었던 프로그래머에게 질문을 다시 되돌려 주는 것에 불과하기 때문이다. "이런 방법을 쓰고 무엇을 하면 대충 해결을 하지 않나?"라든가, "뭐가 어렵다고 이러는 건가?"라는 식으로 대답한다면 프로그래머는 몹시 불쾌하고 무시당하는 느낌을 받게 된다.

두 번째로는 답을 정확히는 몰라도 문제를 해결할 수 있게 방향을 제시해 주는 방법이 있다. 예전에 누군가 비슷한 경우가 있었다면 그 상황과 경험자를 알려주는 방법이다. 비슷한 경험이 있던 경험자를 소개해 주며 직접 찾아가서 조언을 구하라고 할 수도 있지만 이렇게 되면 경험자에 대한 신뢰만 쌓이게 될 가능성이 있으므로 리더가 경험자를 만나 해결방법을 모색해보고 이것을 프로그래머에게 전달해 주는 것이 좋다.

세 번째로는 여러 팀원과 문제 해결에 대해 브레인스토밍(brain storming)을 하는 방법이다. 여러 팀원을 모아 다양한 아이디어를 모으고 여러 가지 의견을 수렴해 보는 것이다. 팀원들에게도 문제의 중요성을 알릴 수 있고 많은 아이디어를 얻을 기회가 된다. 토의 후에 마땅한 해결책이 나오지 않더라도 노력하는 모습을 보여주었다는 것에 큰 의미가 있다. 프로그래머는 해결책을 찾기 위해 노력하는 리더에 대해 깊은 인상을 받게 된다. 리더에 대한 신뢰도는 올라가게 될 것이다.

이제 답을 알 때를 생각해보자. 이때는 프로그래머가 능동적으로 성장할 수 있게끔 방향을 제시해 주는 것이 중요하다. 이 상황에서도 어떤 대처 방법이 좋고 나쁜지 알아보도록 하자.

첫 번째는 리더가 직접 나서서 해결해 주는 방법이다. 보통 납기가 촉박한 경우에 직접 나서는데 이는 피하는 것이 좋다. 모든 것을 리더가 다 해결하는 것은 프로그래머의 발전 기회를 빼앗는 것이다. 당장은 일을 빨리 해결해서 편할 수 있으나 프로그래머는 배울 것이 없다. 이렇게 리더가 모든 것을 다 해결해 준다면 리더가 자리를 비우게 되었을 때 프로그래머 혼자 제대로 일을 진행할 수 없게 된다.

두 번째는 문제 해결에 대한 단서를 제시해 주는 방법이다. 프로젝트 납기의 여유가 있는 경우에 하는 것이 좋다. 물론, 프로그래머에게 해결방법을 생각할 시간을 줄 때는 어느 정도 제한을 두어야 한다. 프로젝트는 납기가 정해져 있기 때문이다. 보통 하루 정도 기간을 주는 것이 적당하다. 그리고서 프로그래머가 해결방법을 가져오면 방향을 잡아주면 된다. 참고로 이 방법은 주니어 프로그래머보다는 대리 이상의 프로그래머에게 사용하는 것이 좋다. 경험이 많지 않은 주니어 프로그래머는 이 방법이 발전의 계기로 작용하기보다는 길을 잃고 헤매는 방향으로 갈 가능성이 더 크다. 경험이 많은 시니어 프로그래머에게 적용하기에 적절한 방법이다.

세 번째는 처음부터 해결방법을 알려주고 직접 수행하게 하는 것이다. 이 방법은 주니어 프로그래머에게 적합하다. 리더는 주니어 프로그래머에게 해결책을 상세히 알려주고, 그에 대한 수행은 직접 하도록 하여 그 노하우를 익히도록 한다.

프로그래머가 기술적 어려움을 호소할 때 대처 방법

구분	대처방법	내용
답을 모를 때	가이드 제시	해결방법을 찾는 방법을 알려줌
	브레인 스토밍	팀원들과 브레인 스토밍함
	위임 (좋지 않은 방법)	알아서 해결하라고 함
답을 알 때	단서를 제시 (시니어)	기한을 두고 해결했는지 확인함
	정답을 알려줌 (주니어)	해결책을 알려주되, 수행은 직접 하도록 함
	직접 해결 (좋지 않은 방법)	납기가 촉박한 경우에 사용

리더는 프로그래머와 기술적 신뢰도를 유지할 수 있도록 많은 관심을 기울여야 한다. 프로그래머는 기술 전문직이기 때문에 기술적 신뢰도는 매우 중요한 요소이다. 이를 위해 리더는 항상 기술적으로 다양한 노하우를 쌓고, 교육을 통해 프로그래머에게 전달해야 한다. 이런 활동을 인내심을 가지고 꾸준히 추진한다면, 프로그래머의 신임과 높은 사기를 가진 팀원을 얻게 될 것이다.

14 리더의 슬럼프 극복

"세상은 고난으로 가득하지만, 고난의 극복도 가득하다."

– 헬렌 켈러

정말 만나고 싶지 않은 함정이지만 피할 수 없는 것이 바로 슬럼프다. 평소에 긍정적이고 모든 일이 잘 풀릴 것 같은 사람도 가끔씩 슬럼프에 빠진다.

프로그래머는 프로그램에 오류가 있다거나 납기를 지키기 힘들 때, 미래가 불투명할 때 등의 여러 가지 이유로 슬럼프에 빠지게 된다.

리더도 슬럼프를 피할 수 없는 것은 마찬가지다. 왠지 자신이 리더로서의 자질이 부족한 것 같고, 팀원들은 자신을 안 따라 주는 것 같고, 프로젝트는 잘 안 풀리고 의욕은 떨어진다. 하지만 리더의 자리에 있는 만큼 책임감을 가지고 슬럼프를 유연하고 빠르게 이겨내는 것이 중요하다. 이는 팀 모두를 또 자신을 위한 것이다. 리더의 슬럼프는 팀원의 슬럼프와 다르다. 리더의 슬럼프는 팀 전체에 영향을 줄 수 있기 때문이다. 리더가 슬럼프에 빠지면 팀의 사기가 저하되는 것은 당연한 일이다. 이제부터 리더가 어떤 경우에 슬럼프에 빠지게 되는지, 슬럼프에 빠지면 어떻게 극복해야 하는지 알아보도록 하자.

먼저 리더의 역할에서 오는 슬럼프가 있다. 자신이 꿈꾸던 리더로서의 이상과 현실이 달라 고통스러운 것이다. 자신이 꿈꾸던 리더의 모습은 '이게 아닌데' 하고 말이다. 나름대로 팀을 위해 노력했지만, 마음처럼 되지 않을 때가 있다. 왜 남들은 잘 해내는 것을 나는 못 해내는 것인지 답답할 때도 있다. 나름대로 팀원을 배려하기 위해 리더십에 대한 글도 읽고 실천하려 노력했는데 맘처럼 되지 않으면 좌절하게 된다. 완벽한 리더로서의 준비는 덜 되었을지 몰라도 최선을 다했다고 믿기 때문이다.

이상적인 이론처럼 일이 척척 진행되면 좋겠지만, 세상에는 별의별 사람이 있고 뜻처럼 따라와 주지 않는 사람이 있을 때가 있는 법이다. 팀원 중에도 개인에게 주어진 일만 수행하고 다른 팀원의 어려움에는 '나 몰라라'식으로 대하는 팀원이 있을 수 있다. 이때 리더가 감정적으로 폭발하면 안 된다. 팀 프로젝트라는 것을 잊지 말아야 한다. 그 팀원은 팀에 완전히 스며들지 못했다는 것이니 왜 그런 것인지 원인부터 생각해봐야 한다. 팀원의 개인적인 문제가 있는 것인지, 리더의 가장 중요한 역할 중 하나인 동기부여를 잘했었는지 되돌아봐야 한다.

다음으로 프로젝트에서 오는 슬럼프가 있다. 프로젝트의 납기가 지연되거나 품질의 저하, 또는 중요한 프로젝트가 잘 풀리지 않으면 슬럼프에 빠지게 된다. 리더는 모든 책임도 지고 있으니 부담감이 팀원에 비해 배가 된다. 프로젝트에 어려움이 닥치거나 위기감을 느끼다 보면 팀원에게 압력을 주기도 한다. 팀원은 스트레스를 받고, 고스란히 결과물에 묻어 나오게 된다. 결과는 또 좋지 못하게 되는, 악순환이 이어진다.

처음부터 끝까지 완벽과 성공 그 자체로 살아온 사람은 없다. 괜히 일에 완벽주의자가 되려고 사소한 것까지 신경을 쓰면 고통스럽기만 할 뿐이다. 프로젝트의 실패는 막는 것이 중요하지만, 잘되지 않는 것은 담담히 받아들이며 앞으로 주어질 일, 지금 하고 있는 일에 최선을 다하는 마음가짐을 갖는 것이 필요하다.

리더도 인간이니 스트레스에 나약할 수밖에 없다. '책임'이란 두 단어가 주는 압박에 심적으로 고통스러울 때도 있을 것이다. 그러나 슬럼프는 누구나 빠질 수 있다. 이것을 인정하고, 받아들이는 것이 중요하다. 그렇지 않으면 슬럼프에 빠질 때마다 고통스러울 것이다.

슬럼프의 유형

요인	슬럼프	설명
리더의 역할에서 오는 슬럼프	스스로의 문제	능력의 한계
	팀원들의 문제	팀원들이 내 맘 같지 않을 때
프로젝트에서 오는 슬럼프	리소스 부족	품질, 납기, 인원, 예산의 부족
	리스크 요인	기술적 난이도, 사업의 위험성

그리고 슬럼프는 극복할 수 있다. 그러니 슬럼프를 값진 수업료를 내는 것으로 생각하고 자신만의 극복 방법을 찾길 바란다. 틈틈이 자기 자신을 힐링할 수 있는 시간을 마련하는 것도 슬럼프 극복에 도움이 된다.

15 프로그래머를 위한 하드웨어는 아끼지 말자

"PC는 인간이 만든 도구 중 인간에게 가장 많은 권한을 부여하는 도구라고 자신 있게 말할 수 있다. PC는 소통의 도구, 창의력의 도구이며 사용자가 직접 만들어 나갈 수 있다."

– 빌 게이츠

비용을 아껴야 한다거나 보안상의 이유로 PC와 하드웨어, 주변기기를 프로그래머에게 제공하는 것을 아끼는 기업이 있는데 이것은 업무능률을 저해하는 일이다. 비슷한 실력의 프로그래머가 동일한 개발을 하고 있다면 가지고 있는 자원이 얼마나 우수하냐에 따라 성패가 갈린다. 비용을 아끼기보다는 프로그래머의 개발 생산성을 높여야 한다. 비용이라 생각하지 말고 투자라 생각해야 한다.

예를 들어 네트워크 환경에서 서버, 클라이언트 소프트웨어를 제작하는 경우를 살펴보자. 추가로 제공되는 하드웨어 자원이 없다면 프로그래머는 루프백 IP '127.0.0.1'을 이용하여 서버와 클라이언트 프로그램을 개발하고 테스트를 진행해야 한다. 그러나 만일 넷북(Net book) 정도의 PC만 추가로 주어도 프로그래머 PC를 서버, 추가 PC를 클라이언트로 구성하여 테스트를 진행할 수 있다. 이것은 개발환경이 실제 환경과 좀 더 유사해지는 것을 의미한다. 또한, 실제 서비스에서 발생할 수 있는 수많은 버그를 제거할 수 있다. 이렇게 제품의 결함을 줄이고 품질을 높여서 발생할 수 있는 이윤은 추가로 제공한 PC 한 대 값과 비교할 수 없이 크다.

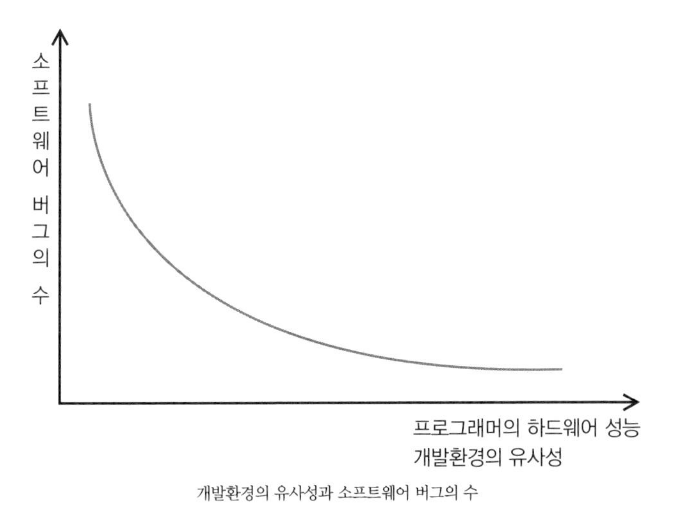

개발환경의 유사성과 소프트웨어 버그의 수

사후에 발견된 소프트웨어 버그는 유지보수에 대한 비용을 증가시킨다. 개발현장에서는 유지보수에 대한 비용이 전체 프로젝트 비용의 70~80%까지 올라가기도 한다. 프로그래머의 개발환경이 실제 적용할 시스템, 하드웨어와 유사도가 높을수록 개발하는 중에 버그를 빨리 발견할 수도 있다. 이는 출시 이후 발견된 버그의 수정과 처리 비용을 줄여준다.

지금은 위와 같은 사실을 기업도 인지하고 있고 PC, 하드웨어, 주변기기가 저렴하기 때문에 대부분의 기업에서는 프로그래머에게 이를 잘 지원한다. 그런데 필자가 이해하기 어려운 것이 프로그래머의 의견을 반영하지 않고 기업에서 일방적으로 사양을 결정해서 지원한다는 점이다.

프로그래머는 비용 대비 적절한 PC 사양을 결정하는 능력이 뛰어나다. 기준이 되는 예산만 지정해 주면 필요한 PC와 부품을 프로그래머가 효율적으로 선택해서 구매할 수 있다. 프로그래머가 요청하는 PC 사양을 살펴보면 기업에서 책정한 것보다 비싸지도 않다. 특히, 개발 용도 이외에 디버그나, 테스트 용도로 사용하는 PC는 높은 사양을 요구하지 않는다.

프로그래머의 개발 생산성을 높이기 위해 PC, 하드웨어, 주변기기 등을 구입하면서 이들의 의견을 반영하지 않는 것은 이해하기 어렵다. 리더는 프로그래머에게 맞는 개발환경을 만들어주는 것에 신경을 써야 한다. 중간관리자의 직급으로 충분히 처리해 줄 수 있는 범위이기 때문이다. PC, 하드웨어, 주변기기를 지원할 때는 프로그래머가 원하는 것을 최대한 반영해주기 바란다.

프로그래머에게 좋은 자원 제공을 해주면 생산성과 사기가 눈에 띄게 향상된다. 팀원의 사기를 올려줘야겠다고 생각했을 때 회식보다 주변기기를 바꿔주는 것이 더 효과적일 때도 있다. 필자의 경험을 돌아보면 PC, 하드웨어가 아니더라도 모니터, 마우스, 키보드만 바꿔 주어도 사기가 확실하게 올라갔다.

지금까지 프로젝트 관리를 하면서 유용한 경험과 고민을 함께 나눠 보았다. 다음으로 살펴볼 주제는 '소통'이다.

리더로서 프로젝트를 성공시키는 업무능력과 함께 강조되는 것이 소통이다. 팀원은 리더와 소통하기를 원하고, 자신의 문제와 환경을 고려해 주기를 바란다. 소통을 잘하기 위해서는 팀원의 능력과 경험을 고려하여 경청하고 반응하는 것이 중요하다. 소통이 원활하게 이루어지면 의사전달에 필요한 비용이 감소하고, 생산성이 높아지며 프로젝트를 진행할 때 발생할 수 있는 위험을 미리 감지할 수 있게 된다. 프로젝트를 더욱 수월하게 진행할 수 있기 때문에 리더에게 소통의 능력을 강조하는 것이다. 다음 장에서는 프로그래머의 리더로서 소통에 필요한 점을 살펴보자.

chapter 3

리더의 소통

16 조직 내 커뮤니케이션

"경청할 줄 알면 말이 서투른 사람이라도 이득을 얻게 된다."

– 플루타르코스

프로젝트 규모가 클수록 참여 인원이 많아지게 되고 대화하기가 어려워진다. 개발보다 커뮤니케이션에 시간이 더 들어간다. 필자의 경험으로는 개발에 들어가는 시간이 20이라면 커뮤니케이션에 80을 쏟은 프로젝트도 있었다. 커뮤니케이션이 비효율적이면 프로젝트가 실패할 확률은 그만큼 높아지는 것이다.

그렇다면 커뮤니케이션을 잘하기 위해서는 어떻게 해야 할까? 몇 가지 팁을 살펴보자.

커뮤니케이션의 기초는 바로 경청이다. 경청하면 상대방이 얼마나 알고 있는지 확인할 수 있고 그에 맞추어 대화할 수 있다. 상대방이 많이 알고 있다면 적당히 알려 주어도 이해할 것이고 모르고 있다면 처음부터 자세하게 설명해 주면 된다. 이렇게 하면 시간도 절약되고 깔끔하게 커뮤니케이션이 이루어진다. 또한, 경청은 서로 '윈-윈'할 기회가 되기도 한다. 상대방의 이야기 속에서 원하는 것이 무엇인지 이해하면서 자신이 원하는 것과 이견을 조율할 수 있는 기회를 얻게 되는 것이다. 경청의 장점은 말하는 이가 자신의 의견을 존중해주고 있다는 느낌을 들게 하므로 신뢰감을 준다는 것이다.

말하기에 앞서 상대방이 누구인지 고려해야 한다. 프로그래머들만 여럿이 모여 일을 하는 경우에는 큰 문제가 되지 않는다. 기술적인 이야기나 간단한 주제에 관해 이야기할 때 단어 하나만 통해도 무슨 이야기를 하는지 이해할 수 있는 경우가 많다. 하지만 각자 다른 분야의 사람이 모여 커뮤니케이션을 할 때는 다르다. 기획자나 디자이너 그리고 프로그래머가 모여 대화하는 경우를 생각해보자.

기획자나 디자이너는 이것을 통해 최고의 성과를 낼 수 있는지를 중요시한다. 좋은 성과를 낼 수 있다고 생각하면 일단 긍정적으로 일을 진행하는 편이다. 특히 디자이너는 굉장히 감성적이다. 다른 것은 다 제외한다고 하더라도 일단 좋은 느낌이 들면 실행하는 것을 좋아한다. 때때로 디자이너나 기획자에게 이걸 하면 왜 '좋은지'를 설명해도 충분할 때가 있다.

하지만 프로그래머는 왜 좋은지 '전후 사정'까지 다 들어야 한다. 듣는 내용에 입력과 출력이 있고, 원인과 과정이 확실한 논리적인 말을 중요시한다. 이 일을 하는 것이 합리적인지 확인하면 일을 진행한다. 프로젝트에 대한 고객의 요구사항부터 이 일에 생긴 문제의 원인을 알고 이걸 어떻게 해야 하는지까지 대화를 나눈다. 그리고 프로그래머는 단답식으로 짧게 중요한 포인트만 들어 있는 대화를 좋아한다. 일과 크게 관련 없는 구구절절한 대화를 좋아하지 않는다. 다른 부수적인 말이 추가되는 것에 주의하면서 원인, 진행, 결과에 대한 핵심적인 이야기를 하면 빨리 이해하기 때문에 프로그래머의 커뮤니케이션은 적당히 마무리된다. 괜히 일과 관련 없이 구구절절 다른 이야기를 한다면 답답해한다. 그러므로 프로그래머의 리더는 프로그래머와 커뮤니케이션을 할 때 이 점을 유의하고 다음과 같은 과정을 따르는 것이 좋다.

∨ 업무 또는 일이 발생하게 된 원인(배경)에 대한 설명

∨ 업무를 어떻게 진행할지에 대한 방법 설명

∨ 리더가 언급한 방법에 대한 프로그래머의 개인적 의견 또는 질문을 듣는다.

∨ 해당 업무에 대한 생각을 하기 위해 시간을 주거나 다음 회의를 잡는다.

∨ 필요 자원 및 리스크에 대한 협의

∨ 납기와 품질 결정

팀에는 프로그래머만 있는 것이 아니며 디자이너, 기획자, 테스터, 영업 등 다양하게 구성된다. 각각의 성향과 특징이 달라서 서로 충돌이 있을 수 있다. 하지만 서로의 성향을 알고 배려한다면 충돌을 미리 예방할 수 있다.

프로그래머는 기술적인 이야기를 주로 하는데 그들만의 용어와 외래어를 쓰는 경우가 많다. 무의식 중에 자신이 생각하는 것, 자신의 머릿속에 있는 것을 다른 사람도 알 것이라는 전제하에 이야기하는 것이다. 이를 피하려면 의식적으로 내가 사용하는 용어가 다른 사람에게는 생소할 수도 있다는 것을 생각하면서 말을 해야 한다.

경청을 통해 상대방이 대화 주제에 대해서 얼마나 알고 있는지 확인을 해야 한다. 그리고 그에 맞추어 자신의 원하는 바를 이야기하고, 상대방이

대화 내용을 잘 이해했는지 확인해야 한다. 이것이 기본적인 커뮤니케이션 능력이다.

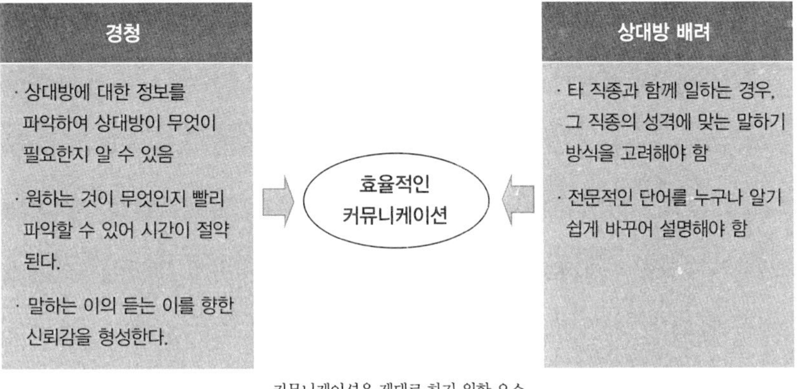
경청
· 상대방에 대한 정보를 파악하여 상대방이 무엇이 필요한지 알 수 있음
· 원하는 것이 무엇인지 빨리 파악할 수 있어 시간이 절약된다.
· 말하는 이의 듣는 이를 향한 신뢰감을 형성한다.
효율적인 커뮤니케이션
상대방 배려
· 타 직종과 함께 일하는 경우, 그 직종의 성격에 맞는 말하기 방식을 고려해야 함
· 전문적인 단어를 누구나 알기 쉽게 바꾸어 설명해야 함
커뮤니케이션을 제대로 하기 위한 요소

듣고 말하는 기본적인 커뮤니케이션 능력을 갖추었다면 더 좋은 커뮤니케이션을 위해 태도와 어조를 어떻게 하면 좋을지 생각해 봐야 한다. 같은 말이라도 태도와 어조에 따라 다르게 느껴진다. 아무리 좋은 말이고 다른 의도를 하지 않았다고 하더라도 어조가 좋지 않아 의도했던 바와 다르게 상대방이 느낀다면 완벽한 커뮤니케이션은 이루어지지 않는다. 그러므로 대화 내용과 상황에 맞추어 적절하게 대응하고 반응할 수 있게 태도나 어조 등 부수적인 능력을 길러야 한다.

마지막으로 감정조절을 잘해야 한다. 성향이 다른 사람과 장시간 회의를 하면 인내심의 한계에 점점 도달하게 된다. 서로 의견이 안 맞는 순간이 왔을 때, 순간적으로 '욱'하는 마음이 표출되기도 한다. 이런 식으로 감정이 표출되

었을 때, 좋은 결과를 얻을 수 없다. 최대한 호감을 표현하고 나타낼수록 좋은 커뮤니케이션을 할 수 있다.

프로그래머는 컴퓨터를 마주하며 혼자서 일을 많이 한다. 그래서 타인과 대화할 기회가 상대적으로 적다. 여가마저 컴퓨터와 함께한다면 대화할 기회는 더 적어진다. 그러니 커뮤니케이션 능력이 저절로 형성되기는 힘들다. 소통이 중요시되는 사회에서 커뮤니케이션 능력이 미흡하다면 큰 문제가 된다. 처음에는 대화가 쉽지 않고 부담스럽겠지만 일단 부딪혀 보고 배우며 커뮤니케이션 능력을 기를 수 있기를 바란다.

17 반드시 해결책을 제시할 필요는 없다

"멋진 답이 떠오르지 않을 때는 침묵이 좋은 해답이다."

– 무하마드 알리

책『화성에서 온 남자 금성에서 온 여자』에는 이런 내용이 있다. 상대방에게 문제가 생기면 '남자는 항상 무언가 해결책을 제시하려고 하고, 여자는 그저 공감해 주길 원한다'는 것이다. 이러한 원리는 회사생활에서도 비슷하게 적용된다.

주니어 프로그래머는 개인적 문제나 기술적인 문제 등이 생겼을 때 보통 리더에게 어려움을 호소하게 된다. 이때 대부분의 리더는 책임감을 가지고 문제를 해결해 주어야 한다는 생각을 가진다.

그런데 리더가 아무리 문제를 해결해 주고 싶은 마음이 굴뚝같다 하더라도 해결책이 마땅치 않을 때가 있다. 중간관리자로서는 권한 밖이라 해결할 수 없는 것이 많고, 애초부터 주니어 프로그래머가 생각하는 것이 잘못된 것일 때도 있다. 이런 경우 '회사 규정상 안 된다'는 말과 '네가 잘못 알고 있었다'고 딱 잘라 말한다면 어려움을 호소한 주니어 프로그래머 입장에서는 더 힘들고 좌절감이 들게 된다. 이렇게 대답할 수밖에 없는 상황이었다고는 하지만 두 가지 대답 모두 결국 불가능하다고 말한 것이나 마찬가지다.

주니어 프로그래머도 리더가 해결해 주기에 무리일 수도 있다는 것과 회사 방침이 어떻다는 것은 잘 알고 있다. 그럼에도 리더에게 말한 이유는 공감해주길 바라는 것이다. 그러니 리더는 적어도 주니어 프로그래머 입장에서 문제상황에 대해 공감이라도 해주어야 한다. 스스로 해결하기 곤란한 문제를 리더에게 말하기까지 주니어 프로그래머는 많은 고민을 했을 것이다. 그런데 리더가 단칼에 '아니'라고 잘라버리면 좌절감을 느끼게 된다. 이런 상황에서는 '해결책을 제시해 줘야겠다'나 '주니어 프로그래머의 잘못된 생각을 당장 개조시켜 줘야겠다'기보다는 먼저 힘든 일을 공감해 주는 것이 주니어 프로그래머에게 큰 위안이 된다.

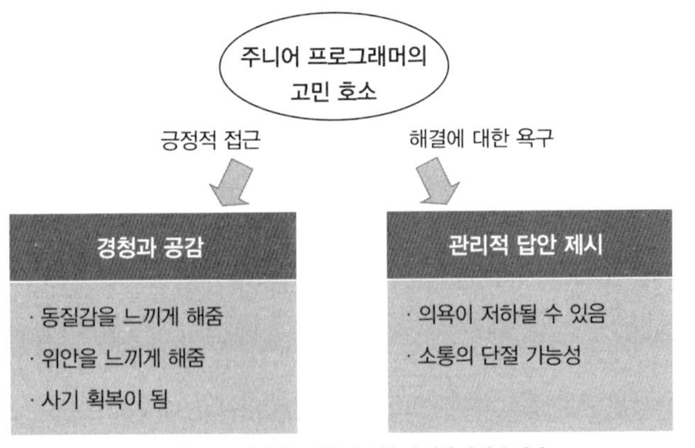

주니어 프로그래머가 고민을 호소할 때 대처 방법과 결과

2012년 우리 사회에서 선호하는 사람의 유형에 대해 트위터로 조사한 자료를 보자.

선호하는 사람 유형의 첫 번째는, '남과 깊이 공감할 수 있는 사람'이다. 상대방이 자신의 이야기를 성의껏 들어주고 같이 생각을 나눌 수 있는 사람을 원하는 것이다.

두 번째로 선호하는 사람의 유형은 '남을 배려해주는 사람'이다. 여기서 말하는 배려란 상대방이 나에게 무언가를 요구하기 전에 내가 먼저 알아주는 것을 말한다.

세 번째로 선호하는 사람의 유형은 '말과 행동이 일치하는 사람'이다. 말 그대로 무엇이 옳고 그른지 말만 하는 것이 아닌, 자신이 생각해 둔 구체적인 비전을 실행하는 사람이다.

좋은 리더의 모습도 사회에서 선호하는 사람의 유형과 비슷하다. 가장 좋은 리더는 프로그래머에게 문제가 생기기 전에 미리 문제를 예견하고 찾아서 도와주는 것이다. 그다음으로는 프로그래머에게 생긴 문제를 파악하고 고쳐주려 노력하거나 문제상황을 공감해 주는 것이다.

물론 좋은 리더의 모습이 있으면 가장 안 좋은 모습도 있다. 프로그래머에게 생긴 문제를 회피하고 미루는 것이다. 이렇게 무책임한 태도는 정말로 지양해야 한다.

남의 고충을 듣고 공감해 주는 것이 간단해 보이지만 사실상 쉽지 않다. 대부분의 사람은 말을 들어주기보다 자신의 이야기를 하는 것에 더 익숙하고 즐거움을 느끼기 때문이다. 특히 문제를 보면 해결을 봐야 직성이 풀리는 사람은 공감해 주고 배려해 주는 것이 더 어렵다. 사실 필자도 공감해 주기보다는 뭐가 문제인지 알아내서 고쳐줘야겠다고 생각하는 성향이다. 반드시 원인을 찾아서 확실한 해결을 봐야 속이 시원하다. 그래서 아무 말 없이 혼자 고민에 빠진 팀원을 보면 무슨 문제가 있는지 물어보게 된다. 이때 해결책을 제시해 주려는 생각에 팀원이 원치 않아도 집요하게 물어보게 되는데, 오히려 그 팀원의 시름을 덜어주기보다는 그 팀원의 마음만 더 착잡하게 만들었던 경험이 종종 있다. 중요한 것은 역지사지의 마음을 갖는 것이라는 것을 알게 되었다. 큰 도움이 되지 않더라도 말을 들어주고 공감해 주는 것이 당장 해줄 수 있는 제일 나은 방법이 되기도 한다.

상대방이 어떠한 생각을 가졌는지 이해하기 쉽지 않고, 자기 생각을 표현하기 어렵다면 인문 서적 읽기를 권해주고 싶다. 보통 공대 출신인 프로그래머는 기술, 개발 서적에만 관심을 두는데 달리 말하면 편식과 같다. 주요 업무가 소프트웨어 개발일지라도 결국 사람이 모여 일하는 것이다. 인문 서적이 추상적이어서 손에 잡히지 않는다고 생각할지 모르겠다. 하지만 늘 원인과 결과가 뚜렷하지 않은 것이 사람과 사람의 관계이고 소통이다. 프로젝트 개발에 있어 문제는 기술이 아니라 사람에 의해 일어난다.

18 리더 영향력의 원천과 문제 해결 유형

"지도자의 능력에 대한 믿음은 그의 정당성에 대한 믿음과 결부되지 않는 한 큰 도움이 안 된다."

– 조지 괴탤스

'리더'의 직책이 붙었다고 해서 팀원이 믿고 따는 것은 아니다. '리더가 리더다워야' 진정으로 따른다. 리더만 보아도 그 팀이 어떻게 흘러가고 있는지 짐작할 수 있을 정도로 리더는 매우 중요하다. 리더는 팀원보다 능력이 우월해야 함은 물론이고 존경을 받을 수 있는 요소도 가지고 있어야 한다. 또한, 팀을 운영하면서 생길 수 있는 팀 내 갈등을 조정할 수 있는 능력도 필요하다.

여기서는 리더 영향력은 어디서 나오는 것이며, 팀 내 갈등은 어떻게 대처해야 하는지 알아보자. 리더 영향력의 원천은 일곱 가지로 추릴 수 있다.

첫 번째는 강제력이다. '리더', '우두머리'를 생각할 때 가장 먼저 떠오르는 단어이기도 하다. 강제력은 팀원을 이끄는 카리스마다. 리더가 지시한 대로 팀원이 일사불란하게 일을 처리할 수 있게 하는 원동력이기도 하다. 강제력이 과도하면 팀원이 압박감을 심하게 느껴 부작용이 염려되기도 하지만 아예 없는 것보다는 어느 정도 있는 것이 낫다. 보통 조직이 생성된 초기나 이끌어가는 프로젝트의 변화가 생길 때 나아갈 방향을 잡는 데 필요하다.

두 번째는 인맥이다. 어느 위치에 있든 '다다익선'인 것이 인맥이다. 인맥이 있어야 다양한 정보를 얻을 수 있기 때문이다. 각계각층에 자신의 능력을 어필할 기회가 많으므로 리더의 위치로 올라갈 때도 적지 않은 영향을 끼친다.

세 번째는 전문성이다. 리더로 인정받는 데 필수적인 요소가 바로 전문성이다. 팀원보다 별반 차이 없는 실력을 갖추고 있다면 팀원은 리더를 신뢰하지 않는다. 그들이 업무에서 어려움이 닥칠 때 믿고 찾아가야 할 대상이 바로 리더이기 때문이다.

네 번째는 정보력이다. 정보가 많을수록 일을 효율적으로 처리하는 데 도움이 된다. 하지만 정보력을 비윤리적으로 사용할 경우 재앙을 부를 수도 있다는 것을 명심해야 한다.

다섯 번째는 지위력이다. 이것은 부여받은 직책, 직급으로 발생하는 영향력이다.

여섯 번째는 인품이다. 같은 능력을 갖춘 리더라면, 인간적인 매력이 더 느껴지는 리더를 따르고 싶어하는 것이 인지상정이다. 인품은 주변 사람을 이끄는 힘이 있다.

일곱 번째는 보상력이다. 리더가 팀원에게 줄 수 있는 보상력을 의미한다. 팀원에 대한 진급, 보상, 휴가, 외출, 교육, 업무 추진비 지원까지도 보상력에 포함된다.

그러나 위 일곱 가지 요소를 모두 가져야 영향력이 일어나는 것은 아니며 반대로 이 중 하나가 부족하다고 해서 영향력이 일어나지 않는 것도 아니다. 필자가 말하고 싶은 것은 자신에게 부족한 요소를 개선해나가라는 것이다. 현재의 모습에 머물지 말고 꾸준히 성장하고 변화해야 한다.

리더의 영향력의 원천과 그 특징

영향력의 원천	특징
강제력	– 팀원을 강력하게 리드할 수 있는 힘 – 팀원에게 압박을 줄 수 있지만, 꼭 필요한 것
인맥	– 유력 인사와 관계를 맺음으로써 생성 – 다양한 정보 획득의 기회
전문성	– 리더가 가지고 있어야 할 필수적인 요소 – 전문성으로 팀원의 어려움을 해결할 수 있어야 함
정보력	– 유익한 정보를 많이 소유하고 있으면 생김 – 정보를 비윤리적으로 사용할 시 문제 발생

지위력	– 조직으로부터 부여받은 권한(직책, 직급) – 상하 관계로 형성
인품	– 인간적인 매력을 느끼게 해주는 것 – 모범적이고 유익한 인간형
보상력	– 팀원이 원하는 보상을 해줄 수 있는 능력

다음으로 팀 내 갈등은 어떻게 대처해야 하는지 알아보자.

어느 곳이나 여러 사람이 모이면 갈등이 일어나기 마련이기에 갈등이 일어나는 것에 민감할 필요는 없다. 여기서 중요한 것은 리더가 갈등을 해결하는 중심이 되어야 한다는 것이다. 그래야 리더에게 리더십이 일어나고 영향력이 확대된다. 리더의 문제 해결 유형은 다섯 가지로 나누어 볼 수 있다.

첫 번째, 강요형

'대립형'이라고도 한다. 이 유형은 선택 상황에서 어떤 선택이 옳은지 리더가 알고 있을 때 좋은 효과를 볼 수 있다. 다음의 상황에서 유용하다.

∨ 신속하고 결정적 행동이 필요할 때

∨ 인기 없는 대안이지만 관철하는 것이 필요한 중대 사안일 때

∨ 팀 전체에 영향을 주는 긴요한 사안을 내세울 때

강요형의 문제는 주변에 예스맨을 만들어 낸다는 것이다. 팀원은 강압적인 면을 이기지 못하고 리더가 말하는 대로 무조건 긍정으로 대답하게 된다. 팀 내 의사소통을 위축시키고 참여를 저해하는 악영향을 미치기도 한다.

두 번째, 회피형

회피형은 문제 상황의 해결을 미루는 것이다. 회피의 이유는 긴장을 유발하기 때문에 우선 상황을 관망하는 것이 낫다고 생각하기 때문이다. 그러나 회피는 문제를 해결할 수 없기에 바람직한 태도가 아니다. 그러나 별로 중요하지 않은 사안에서는 회피형이 나은 대안일 수도 있다. 굳이 크게 신경 쓸 필요가 없는 사안은 냉각기를 두고 긴장을 감소시키는 것이 더 나은 결과를 낳기도 한다. 문제 상황과 대결해서 얻을 손실이 이익보다 클 경우가 이에 해당한다.

세 번째, 타협형

적당히 모두가 만족할 만한 결론을 내놓는 유형이다. 타협형은 신속한 합의를 지향한다. 타협형은 적당히 실리를 추구함으로써 더 큰 사안, 원칙, 장기 목표 가치 등을 망각할 우려가 있다. 또한, 타협형의 해결방식은 아무도 완전히 만족하지 못한다. 타협이기 때문이다. 오히려 서로가 만족할 만한 해결책을 찾는 과정에서 시간이 소요되고, 이해당사자를 혼란케 하는 부작용이 있다. 그러나 동등한 힘을 가진 양측이 서로 배타적인 목표를 강하게 고집할 경우, 크게 중요한 목표는 아니어서 굳이 마찰을 불러일으킬 필요가 없을 때는 타협형이 대안이 된다.

네 번째, 양보형

'이 문제가 우리의 사이가 나빠질 만큼 중요한 것인가?'라는 관점에서 양보하는 유형이다. 양보형의 문제는 리더가 자기주장과 입장을 지나치게 포기하여 영향력을 상실할 우려가 있다는 점이다. 리더가 갈등 해결의 중심에 서지 못하는 결과를 초래할 수 있다. 그러나 양보형은 리더가 잘못을 인식한 경우, 사안이 덜 중요하고 이후 중요한 일을 위해 신뢰를 쌓을 필요가 있을 경우, 경쟁 대립의 지속이 서로에게 모두 해가 되는 경우에는 취할 수 있는 대안이다.

다섯 번째, 협력형

'문제 해결형'이라고도 하는데 리더가 자기의 의견을 말하고 팀원의 의견도 묻는다. 문제를 함께 해결해서 가능한 최선의 해결책을 찾으려 한다. 가장 이상적으로 보일 수 있겠으나 별로 중요하지 않은 사안에 시간과 노력이 낭비되는 것을 고려해야 한다. 그리고 상황을 잘 모르는 사람의 의견까지 받아들여 비효율적인 결정이 내려질 우려가 있다. 협력형은 양측의 주장이 모두 중요해서 절충하기 어려울 때, 합의점을 찾고 나서 양측의 참여나 협의가 반드시 필요한 때 유용하다.

물론 이 다섯 가지 중에 어느 것이 가장 옳다고 할 수 있는 것은 없다. 모두 장단점을 가지고 있으므로 각각의 장단점을 이해하고 상황에 맞추어 잘 사용하면 되는 것이다. 어느 것이 더 유용한 것인지는 경험이 말해줄 것이다.

리더의 영향력 유형과 문제 해결방법

유형	해결방법	장점	단점
강요형	옳고 그름을 앎	신속한 의사결정	강압적임
회피형	갈등 해결을 미룸	사소한 문제 시 유용	빠른 문제 해결이 힘듦
타협형	신속하게 합의함	강한 마찰 시 유용	완벽한 만족 불가
양보형	상대방에게 양보함	신뢰 생성에 좋음	영향력 상실 우려
협력형	최선의 해결책을 찾음	양측의 참여나 협의 유도	비효율적 결정 우려

이것으로 리더 영향력의 원천과 문제 해결 유형에 대해 살펴보았다. 자신에게 부족한 부분을 발견하고 이를 보완해서 영향력을 키우고, 갈등 상황에 맞게 문제를 해결하는 데 도움이 되길 바란다.

19 프로그래머의 성격과 대응방법

"모든 사람은 스스로 성격의 구체적인 특징을 숙고해 볼 의무가 있다.
성격을 적절히 다스려야 하며 다른 사람의 성격이
자신에게 더 잘 어울리지는 않을까 궁금해하지 말아야 한다.
본인의 성격이 더 확실할수록 스스로에게 더 잘 어울린다."

– 마르쿠스 툴리우스 키케로

리더가 좋은 리더십을 발휘하기 위해서는 프로그래머의 성격을 파악하고 그에 맞은 코칭을 해주는 것이 필요하다. 그래서 이번에는 프로그래머의 성격을 파악하고 효과적으로 대응하는 방안을 모색해보고자 한다.

먼저 국제적으로 많이 통용되는 'MBTI 성격 유형 분류'를 살펴보자. MBTI는 캐서린 브리그스(Katharine Cook Briggs)와 그의 딸 이사벨 마이어스(Isabel Briggs Myers)가 개발한 성격 분류 방식이다. MBTI는 개인의 성격 유형을 다음과 같이 크게 네 가지 타입으로 나누었고, 이를 다시 외향형과 내향형, 감각형과 직관형, 사고형과 감정형, 판단형과 인식형으로 구분했다.

MBTI 성격 유형 분류

타입	성격 유형	상세 설명
E/I	외향 (Extroversion)	외부 세계를 지향해서 사교적이고 활동적이다. 경험한 다음에 이해하려는 경향이 있다. 활동해야 에너지가 생긴다.
	내향 **(Introversion)**	지적 욕구가 있고 신중하며 이해한 다음에 경험한다. 활동할수록 에너지가 줄어들며 쉬게 될 때 비로소 에너지가 생긴다.
S/N	감각 **(Sensing)**	방법론을 중시하고 세밀하고 실질적이다. 무언가를 특징짓는 것을 좋아하며 하나의 아이디어를 깊게 생각하는 것을 즐긴다.
	직관 (iNtuition)	창조적이고 가능성과 가설의 세계에 살고 있다. 무언가를 일반화하는 것을 좋아하며 여러 해결책을 검토하는 것을 즐긴다.
T/F	사고 **(Thinking)**	논리적이고 분석적, 과학적이다. 침착하고 냉정하며 공평한 방법으로 일을 진행하려고 한다.
	감정 (Feeling)	주관적인 감정이나 감성에 의지하는 경향이 있다.
J/P	판단 **(Judging)**	주변환경이 깨끗하고 정리되어 있어야 한다. 계획을 세우고 시간관리를 철저히 한다.
	인식 (Perceiving)	상황에 대한 유연성과 개방성을 선호한다. 새로운 기회를 항상 잡고 싶어 하므로 어딘가에 묶여 있는 것을 싫어한다.

MBTI에 따라 같은 직업을 가진 집단의 성격 분류 연구도 함께 진행했는데 이 연구에 따르면 프로그래머는 ISTJ(내향/감각/사고/판단) 유형이 가장 흔하게 발견된다고 한다. ISTJ형은 주로 진지하고 실리를 중요시하며 원리원칙과 정리정돈을 우선으로 한다.

프로그래머에 대한 일반적인 생각처럼 실제로 프로그래머는 E/I 타입에서 다수(50~60%)가 내향적이다. 일반인은 25% 정도가 내향적임을 고려하면 상당히 높다. 내향적인 프로그래머가 많은 이유는 높은 지적 욕구와 높은 교육에서 상관관계를 유추할 수 있을 것이다. 내향형은 활동할수록 에너지가 줄어들기 때문에 프로그래머는 프로젝트 수행 후에 휴식을 취해야 에너지를 충전할 수 있다.

T/F 타입에서는 프로그래머의 80~90%가 사고형이다(일반인은 50% 정도). 사고형은 좀 더 논리적이고 분석적이며 과학적이다. 또 침착하고 냉정하게 사실 자체에 집중하고 다른 사람의 감정은 그다지 상관하지 않는다. 그래서 의도치 않게 다른 사람에게 상처를 주거나 예의 없게 행동하는 경우가 많다. 프로그래머 본인이 이성적으로 올바르다고 생각하면 회사의 관습이나 예절과는 상관없이 돌발적인 발언을 많이 하고, 상사나 팀원에게 상처를 주는 발언을 하여 물의를 일으키는 경우도 있다. 하지만 자세히 살펴보면 악의적인 의도를 가지고 행동하는 것이 아니라는 것을 알 수 있다. 올바르다고 생각하는 것을 직설적으로 말하기 때문인데, 사회생활을 하면서 우회적으로 말하는 노하우를 쌓을 필요가 있다.

내향성의 특징은 사람이 모인 자리에서 두드러져 보인다. 만일 상사가 격려하기 위해서 프로그래머에게 좋은 의도로 회식을 열어준 경우를 생각해보자. 내향적인 사람은 회식도 일의 연장선으로 인식하는 경우가 많다. 또한, 활동을 많이 할수록 에너지가 줄어들기 때문에 오랜 시간 이어지는 음주회식보다는 맛있는 음식을 먹으며 간단하게 끝나는 맛집회식이 효과적이다. 그래서 수평관계에 있는 프로그래머들은 회식을 하면 차분하고 조용한 분위기 속에 금세 끝나는 경우가 많다.

다음으로 윤태익 박사가 제시한 분류 방법으로 프로그래머의 성향을 살펴보자. 윤태익 박사는 그의 저서, 『머리, 가슴, 장으로 생각하라』에서 성격을 '머리 형', '가슴 형', '장 형' 세 가지로 성격을 분류하였는데, 이해하기 쉽고 특징을 잘 나타내기 때문에 필자가 추천하는 방식이다.

'머리 형' 사람의 가장 주요한 특징은 이성과 논리를 중시한다는 것이다. 심신의 안정을 추구하고 인정받고 싶은 욕구가 많다. 또 과거나 현재보다는 미래에 더 관심을 두기 때문에 불안하고 초조한 성향이 있다. 자신이 가진 에너지를 효율적으로 활용하려고 하므로 규칙적인 업무환경을 주는 것이 좋다. 머리 형에게는 지식, 자료, 정보가 큰 자산이나 마찬가지다. 문제 상황을 맞이하면 근거를 중심으로 사태를 파악하고, 문제 원인으로는 전략과 정보가 부족하기 때문이라고 생각한다. '머리 형'의 리더가 팀원에게 교육할 때에는 무엇을 가르칠 것인지 미리 자료를 세심하게 준비해 놓는 경우가 많다. 또, '머리 형'에게 의사결정을 요구할 때는 '그 자리에서 결정하라'고 하는 것보다 생각할 시간을 주어야 한다.

'가슴 형'은 감성적이고 타인과의 인간관계를 중시한다. 이미지 관리에 신경을 많이 쓰므로 수치심을 느끼면 두고두고 창피해 한다. 또, 주변환경에 영향을 많이 받기 때문에 감정 기복이 심하다. 자신과 마음이 맞는 일이라면 푹 빠져서 집중하게 되는 경향이 있다. '가슴 형'은 일을 할 때 비교 자료를 이용하는 경우가 많다. 문제 상황 시, '가슴 형'은 일을 하는 분위기에 문제가 있다고 생각한다. '가슴 형' 리더가 교육할 때에는 모두의 단합을 중요시하는 활동(워크숍 등)을 많이 하곤 한다.

'장 형'은 자신의 존재와 영역이 확고한 것을 좋아한다. 무슨 일이든 행동으로 나타내며 자기 뜻대로 되지 않으면 화를 내는 성향이 있다. '장 형'은 일을 한 번에 해결하는 것을 좋아한다. '맞으면 맞고, 아니면 아니다'를 확실하게 결정하려는 성향이 있다. 문제 상황에서 '장 형'은 열정과 도전정신에 문제가 있었던 것은 아닌가 생각한다. '장 형'은 현장체험을 중시하고 직접 부딪히며 배우는 것을 가장 중요하게 여긴다.

사람마다 세 유형 중 한 가지 특성만 가지고 있는 것이 아니라 세 유형을 모두 갖고 있으면서도 한 유형이나 두 가지 유형이 두드러지게 나타난다. 그러니 개인마다 어떤 유형이 두드러지는지 잘 파악하고 대응하는 것이 좋다.

머리, 가슴, 장 형에 따른 성격 분류

유형	머리 형	가슴 형	장 형
주요성격요소	이성적	감성적	행동적
의사결정	논리적 (머리로 이해)	감정적 (가슴으로 느낌)	경험적 (몸으로 체험)
자산	지식, 정보, 아이디어	사람, 인맥, 이미지	현찰, 힘, 영역
주요감정	두려움(미래에 대한)	수치심	화
주요직업요소	프로그래머, 교수	디자이너	영업, 경영직

프로그래머는 주로 이성과 논리를 중시하는 '머리 형'에 속한다. 프로그래머와 '머리 형'의 성격 유형을 연관 지어 이를 현업에서 어떻게 적용할지 알아보자.

'머리 형'의 첫 번째 특징은 이성적이다. 감정에 휘둘리지 않고 공과 사를 명확하게 구분한다. 또 계획적이고 정리된 상황을 선호한다. 그러므로 프로젝트의 절차와 진행, 과정에 대한 설명을 자세히 해주어야 한다. '머리 형'은 계획적으로 일을 진행하는 것을 좋아하기 때문이다. 따라서 그에 맞춰 자신들의 에너지를 어떻게 분배할 것인지 미리 계획할 수 있는 여유를 주는 것이 중요하다. '머리 형'에게는 회식과 같이 계획이 흐트러질 수 있는 피곤한 자리는 오히려 사기 진작에 저해가 될 수도 있다. '머리 형'은 많은 외부 활동을 하게 되면 에너지가 떨어지기 때문에 새벽까지 이어지는 장시간의 회식을 싫어하고 피곤해 한다. 그러므로 집에 가서 충분한 휴식과 혼자만의 시간을 보낼 수 있도록 해 주어야 한다.

'머리 형'의 두 번째 특징은 논리적이다. 문제와 사물을 분석하려고 한다는 것이다. 지식과 정보가 가장 중요한 자산이라고 생각하기 때문에 무슨 일을 하게 되면 관련된 정보를 수집하려 한다. '머리 형' 팀원으로 구성된 팀으로 프로젝트 진행을 할 때에는, 리더의 생각과 의도하는 바를 알리고 자세하게 공유해야 한다. 진행하고자 하는 방향과 생각을 정확하게 전달하지 않으면, '머리 형' 팀원이 스스로 습득한 정보를 분석하여 잘못된 방향으로 판단하는 경우가 발생하기 때문이다. 따라서 리더는 팀원들과 함께 해결하고자 하는 문제와 그 해결 방향을 일치시키는 노력을 해야 한다. 프로젝트 비전을 제시할 때는 프로젝트가 완료되었을 때 프로그래머가 얻을 수 있는 개인적인 성장을 강조하는 것이 좋다. 이 프로젝트를 성공하게 되면 얻게 되는 경력과 기술 습득에 도움이 되는 요소를 비전으로 함께 제시해 주는 것이다.

프로젝트를 이끌어 가는 상황에서 어쩔 수 없이 프로그래머를 질책해야 하는 상황이라면 프로그래머는 감정보다 이성을 중시한다는 것을 기억하자. 이는 '사람이 냉정하다', '성격이 괴팍하다'처럼 감성을 자극하는 말보다 '실력이 형편없다'처럼 이성을 자극하는 말에 더 큰 상처를 받는다는 것을 의미한다. 그러므로 그들의 실력에 대해 지적할 때는 주의를 기울여야 한다. 프로그래머는 자신의 프로그래밍 실력에 대해 자부심을 느끼고 있기 때문에 실력에 대해 지적을 받으면 사기가 크게 꺾이고 반감을 가진다. 리더가 부득이하게 지적할 상황이라면 결과를 가지고 질책하는 것이 좋다. 예를 들면 '프로그램 납기를 못 지켰을 때' 또는 '프로그램 품질이 떨어졌을 때'가 적당하다. 코드의 복잡도 또는 자료구조, 알고리즘, 디자인 설계와 같은 부분의 수정이 필요하다면 목표하는 모듈의 우수한 정보(편의성, 안정성, 신뢰성, 처리속도 등)를 프로그래머에게 제공하면 스스로 수정한다. '코드가 엉망'이라거나 '알고리즘 선정에 문제가 있다'는 지적을 할 때는 주의를 기울이자.

프로그래머의 성격과 대응방법에 대해 살펴봤다. 그런데 한 가지 덧붙일 것은, 조직의 규모에 따라 리더가 프로그래머를 대하는 태도를 다르게 적용해야 한다는 점이다.

3명 이하 정도의 프로그래머를 관리하는 초임 리더 시절, 이 시기의 팀원인 프로그래머는 주니어 프로그래머일 경우가 많다. 이 시기에는 주니어 프로그래머를 시니어 프로그래머로 업그레이드시키기 위해서 질책과 칭찬을 적절히 병행하여 교육해야 한다. 3명 이하의 팀에서는 강하게 밀어붙이면 성과가 더 잘 나오는 경우가 많다.

이후 5명 이상의 팀으로 커지면 채찍은 줄이는 것이 좋다. 보통 5명 이상의 팀에는 실력을 갖춘 시니어 프로그래머가 포함되어 있기 때문이다. 시니어 프로그래머에게는 자존심을 지켜주는 것이 중요하다. 그들의 자존심을 건드리는 채찍은 악영향을 끼치는 경우가 많다.

이처럼 팀의 크기와 팀원에 따라 대응방법을 다르게 적용하는 것이 필요하다. 팀원의 수가 적고 주니어 프로그래머의 비중이 높다면 맹장(猛將)처럼 팀을 관리하고, 팀원의 수가 많고 시니어 프로그래머의 비중이 높다면 부드럽게 조직을 이끌 수 있는 덕장(德將)처럼 팀을 관리하는 것이 효과적이다.

20 칭찬의 기술

"칭찬은 고래도 춤추게 한다."

–『Whale done! The Power of Positive Relationship』

(Free Pres, 2002)의 한국어판 제목.

코칭은 '팀원이 목표를 설정하고 그가 주도적으로 성장하기 위해' 리더가 해야 할 매우 중요한 역할이다. 그리고 코칭의 기본은 칭찬에서 시작된다.

칭찬의 중요성은 전 세계에 걸쳐 수없이 강조됐다. '칭찬은 고래도 춤추게 한다'고 하지 않는가? 그러나 무조건 칭찬을 한다고 해서 리더가 원하는 효과가 생기는 것은 아니다. 칭찬은 마치 약과 같아서 제대로 처방받아 복용하면 치유효과를 거두지만 잘못된 처방전과 오복용, 오남용을 하게 되면 오히려 병을 악화시킨다.

칭찬의 남발, 형식적인 칭찬은 진정성을 전달하지 못한다. 칭찬하는 이의 의도와 다르게 듣는 입장에서는 상대방이 자신한테 가식을 보인다고 생각할 수도 있다. 또 평소에 칭찬만 듣다가 한 번 질책을 받게 되면 큰 충격을 받고 크게 마음이 상할 수도 있다. 그러므로 칭찬에도 기술이 필요한 것이다.

칭찬의 기본은 진심을 담아 칭찬하는 것이다. 그리고 각종 미사여구를 사용해서 칭찬하는 것보다는 구체적인 칭찬을 하는 것이 낫다. 진심이 담긴 구체적인 칭찬은 칭찬할 대상에 대한 관심이 있어야 가능하다.

팀원이 뛰어난 성과를 발휘했을 때에는 공개적으로 팀원 모두가 모여있는 자리에서 칭찬해 주는 것이 좋다. 공개적인 칭찬은 칭찬의 효과를 배로 키워준다. 한 달에 한 번씩 칭찬을 위한 공식적인 행사를 만드는 것도 좋은 방법인데 이때 포상을 하면 해당 팀원뿐 아니라 다른 팀원에게도 동기를 유발한다.

성격의 유형에 따라 칭찬하는 방법을 달리하면 효과는 더 커진다. 앞서 살펴봤던 윤태익 박사의 세 가지 유형으로 살펴보자.

첫 번째, '머리 형'은 일하기 전에 분석하고 계획을 세우는 유형이다. 일을 객관적으로 처리하려는 능력이 뛰어나고 매사에 성실한 모습을 보인다. 머리 형은 말할 때 이성적이고, 객관적인 표현을 많이 한다. 확실하게 하는 것을 좋아하기 때문에 무엇이 중요한지 어떤 점을 칭찬하는지 명확하게 알려주어야 한다. 자신이 가지고 있는 정보와 능력을 중시하기 때문에 전문성에 관한 칭찬을 해주면 좋다. 머리 형은 일하는 데 신중하므로 여유 시간을 주는 것만으로도 자신이 배려받고 있다고 느낄 것이다.

두 번째, '가슴 형'은 주변에서 보이는 착한 사람의 전형이다. 가슴 형은 센스가 있고 다른 사람을 잘 배려한다. 말 한마디도 조심하고 자신을 방어하는 말을 많이 한다. 그리고 주위의 기대에 부응하기 위해 부단히 노력한다. 칭찬과 대가에 대한 욕구를 겉으로 티를 내지 않는다고 해도 늘 인정받기를 바라고 있다. 따라서 가슴 형의 경우에는 사소한 것부터 꼼꼼히 칭찬을 해주는 것이 좋은 방법이다.

세 번째는 '장 형'이다. 장 형은 과정보다는 결과를 중시하고 위험을 두려워하지 않는다. 결단력이 있어 일을 빨리 진행하고, 자신이 원하는 대로 일을 진행해야 만족하는 유형이다. 그래서 남의 지시에 따르는 것을 좋아하지 않는 편이다. 주로 리더의 기질을 갖고 있고 단도직입적인 사람이 이 유형에 많이 속한다. 따라서 이 유형에 칭찬할 때는 개인보다 이끌고 있는 것, 집단이나 프로젝트에 대한 전체적인 칭찬을 해주는 것이 좋다. 장 형은 자신이 다루고 있는 일에 역량을 발휘하고 있다는 것을 인정받고 싶어 하기 때문이다.

유형에 따른 칭찬 방법

구분	특징	칭찬 방법
머리 형	- 일을 분석하고 계획을 세움 - 매사에 성실함 - 이성적이고 객관적임	- 가지고 있는 정보나 전문성에 대한 칭찬 - 여유시간을 주기만 해도 좋은 효과를 볼 수 있음
가슴 형	- 섬세하고 감각적임 - 말을 조심하고 방어하는 행동이 많음 - 조용히 노력함	- 사소한 것부터 꼼꼼히 칭찬해 주면 좋은 효과를 볼 수 있음
장 형	- 과정보다 결과 중시 - 단도직입적임 - 리더의 기질을 가지고 있음	- 직접 다루고 있는 프로젝트나 이끌고 있는 집단을 칭찬

앞서 살펴봤듯이 프로그래머는 머리 형에 속하는 것을 알 수 있다. 이를 기반으로 프로그래머를 위한 칭찬 방법을 알아보도록 하자.

프로그래머에게는 기술적인 것에 대한 칭찬을 해주면 좋다. 예를 들어 문서작성 능력, 컴퓨터 시스템의 이해, 코딩의 정확도에 대한 칭찬이다. 또, 새로운 기능을 시작할 때 두려움 없이 도전하는 능력을 칭찬해 주거나 섬세하게 업무를 분석하거나 준비하는 자세 등의 부수적인 것에 대해서 칭찬해 주어도 좋다.

칭찬은 늘 좋은 상황에서만 하는 것은 아니다. 프로그래머가 일을 잘못했을 때도 사용할 수 있다. '잘못했을 때 무슨 칭찬을?' 하고 의문이 들 수도 있을 텐데 질책을 좀 더 부드럽게 만들어주는 방법이다. 문제가 발생했을 때 프로그래머에게 무엇을 잘못했는지, 어떤 문제가 생겼는지를 정확하게 말한다. 제대로 정보전달을 못한 리더로서의 자신에 대한 책임도 밝힌다. 그다음에 일을 다시 잘 개선해 왔다면 칭찬해 주는 것이다. 이 방법은 프로그래머가 잘못하고 질책을 듣는 것은 변하지 않는 사실이지만 서로 감정 상하지 않게 질책을 하고 그래서 다음 행동을 개선시키는 좋은 방법이다.

프로그램의 분석과 설계에서 주니어 프로그래머에게 구체적인 사례를 들면서 칭찬을 해주면 그의 업무 효율이 증가하고 하루가 다르게 발전하는 모습을 볼 수 있다. 프로그래머를 거친 리더 역시 프로그래머의 피가 흐른다. 따라서 기술적인 문제에만 집중하고 해결책에 대한 논의에만 관심을 기울 때가 대부분이고 칭찬하는 일은 부자연스럽게 생각하는 경우가 많다. 의식적으로라도 칭찬하는 일에 관심을 두길 바란다.

21 상사에게 칭찬하는 방법

"당신이 누군가에게 아부한다는 것은,
당신이 그를 아부할 만한 가치가 있는 사람이라고 여기기 때문이다."

– 버나드 쇼

상사에게 칭찬한다면 떠오르는 것이 바로 '아부'다. 칭찬하면서도 한편으로 부정적인 느낌이 든다면 아부라는 생각이 들기 때문이다. 칭찬과 아부 사이엔 무엇이 있는 것일까? 상사에게 칭찬하는 것은 정말 부정적이기만 한 것일까? 이번에는 상사에게 칭찬하는 것과 아부가 어떻게 다른지 살펴보고, 상사에게 칭찬하는 것을 적당히 활용하는 방법에 대해 알아보자.

여기서 짚고 넘어가야 할 것이 칭찬과 아부에 대한 정의다. 팀원에게 하면 칭찬이고 상사에게 칭찬하면 아부일까? 그렇지 않다. 칭찬과 아부는 대상에 따라 구분되는 것이 아니라 사용하는 목적에 따라 달라진다. 상대방의 성장을 위한 목적이면 칭찬이고, 이에 더하여 나의 이익을 위해서 칭찬한다면 아부다. 칭찬과 아부에서 사용하는 기술은 같다. 간단히 정리해서 상대방의 장점에 대해서 구체적으로 이야기하는 것이다. 회사생활에서는 아무래도 경쟁과 개인의 이익을 추구하는 것이 중요하므로 아부가 많이 사용된다.

그러나 '상사에게 칭찬한다면 너무 아부 떨어서 오히려 밉보이지 않을까?' 하고 걱정하는 것이 우리의 보편적인 정서다. 한국사회는 예와 체면을 중시하여 아부에 대한 거부감을 많이 가지고 있다. 프로그래머는 이런 생각이 더 강하다. 하지만 '상사에 대한 칭찬이 아부가 아닐까' 하는 부정적인 생각을 바꾸고 상사에게 제대로 칭찬하는 방법을 알게 된다면 그런 걱정은 사라질 것이다. 그리고 평소에 상사에게 칭찬을 해왔다면 한두 번이라도 간언할 기회가 생긴다. 평소에 별말 않던 부하직원이 상사에게 갑자기 직언하게 되면 상사는 몹시 기분이 상하게 되지만, 평소에 좋은 말을 많이 해주던 부하직원이 직언하게 되면 크게 기분 상하지 않고 진지하게 생각해 보게 된다. 그렇다면, 아부를 받는 사람 입장에서는 아부를 어떻게 느낄까? 만약 자신이 아부 받는 입장이 되었다고 생각해보자. 남들이 자신에게 아부를 할 만큼 능력이 있고, 자신이 잘 나간다는 생각이 들게 된다. 자신의 가치가 높아졌다는 것을 알고, 매우 만족감을 느끼게 된다.

아부할 때 주의해야 할 점은 이렇다.

첫 번째, 칭찬을 아부라고 느끼지 않게 하는 것

이미 의도가 담긴 칭찬을 하는 이상 모두 잠재적으로 아부란 것을 알고 있다. 그런데 겉으로 이익을 원하는 아부라는 것을 드러내게 되면 칭찬의 효과가 반감된다.

두 번째, 이야기의 중심을 벗어나지 말 것

예를 들어, 일에 관한 칭찬을 하다가 아부 받는 사람의 개인적인 일까지 꺼내어 칭찬하는 것이다. 이것은 앞에서 말한 바와 같이 당신에게 아부하고 있다는 것을 겉으로 드러내게 될 수도 있다.

세 번째, 칭찬과 동시에 부탁하지 말 것

앞에서도 말했듯이 칭찬이 이익을 목적으로 하면 아부다. 그래서 칭찬과 동시에 바로 부탁을 하면 칭찬을 받았던 기분은 금방 사라지고 칭찬을 받은 당사자의 부담이 커진다.

네 번째, 과한 수식어를 사용하지 말 것

'합리적인', '공정한'과 같은 수식어를 넣는 것은 좋지만 '엄청난', '최고의'와 같은 과한 수식어는 거짓으로 보일 수도 있으니 주의해야 한다. 제일 중요한 것은 진심과 구체적인 사실을 가지고 하는 것이다.

사회생활을 할 때는 칭찬의 대상이 누가 될지 알 수 없다. 경쟁자가 될 수도 있고 좋아하지 않았던 상사가 될 수도 있다. 적이라고 생각하고 멀다고 느껴질수록 더욱 더 칭찬해야 한다. 싫어하던 사람이 나에 대해 칭찬을 하면 싫어하던 사람에게 미안해진 경험이 있지 않은가? 이와 마찬가지로 생각하는 것이다. 그들은 우리에게 칭찬받을 것이라 예상하지 않았기 때문에 더 긍정적으로 느끼게 된다. 이를 계기로 관계를 개선하게 될 수도 있고, 생각지도 못했던 상대방의 좋은 면을 발견하게 될 수도 있다.

프로그래머는 상사에게 하는 칭찬을 어떻게 생각할까? 주니어 프로그래머는 상사에게 하는 칭찬을 아부라 느끼며 상당히 거부감을 가지는 사람이 많다. '실력을 갖추고 승부를 내야지 아부를 해서 승부를 보려는 것은 부조리하다'고 생각하기 때문이다. 시니어 프로그래머 또한 주니어 프로그래머를 평가할 때 실력을 가장 중요한 기준으로 삼는다고 한다. 프로그래머는 평가를 할 때 객관적인 지표를 사용하고, 합리성을 중시한다. 하지만 필자가 직접 물어본 상당수의 프로그래머는 솔직히 자신에게 좋은 얘기를 하는 사람에게 이끌린다고 했다. 다시 말해, 평가 대상이 같은 실력이라면 칭찬을 해주는 사람을 더 선호한다는 얘기다.

상사에게 칭찬하는 것은 좋은 평가를 받기 위한 목적 이외에도 사용할 수 있는데, 상사에게 기술적인 도움을 받거나 교육을 받을 때다. 예를 들어 "다들, 이 부분에서는 선배님이 잘하신다고 하셔서요, 좀 배우고 싶은데 가르쳐 주실 수 있을까요?" 이런 식으로 부탁할 때다. 가르침을 받은 후에는 "어려운 기술을 쉽게 설명해 주시네요", "난해한 내용에 대해서 명확하고 간결하게 설명해 주셔서, 안개가 걷히는 기분이에요."라고 말이다. 이러한 말을 들은 상사는 더 가르쳐 주려고 노력할 것이다. 이미 배움이라는 이익을 얻은 후에 칭찬을 할 수도 있다. 이렇게 하면 서로 기분 좋게 일을 마무리할 수도 있고 다음 기회에도 서로 기분 좋게 부탁하고 들어줄 수 있다.

상사에게 칭찬하는 법

구 분	상사에게 칭찬하는 법
의 미	상대방에게 호감을 얻고, 부탁을 하기 위한 칭찬
장 점	한번 간언을 하게 될 때, 밉보이지 않을 수 있음 칭찬할 구실을 찾다가 몰랐던 새로운 장점을 찾아볼 수 있음 부탁할 때나 교육을 받을 때도 서로 기분 좋게 일을 처리할 수 있음

주의할 점	아부라고 느끼지 않게 할 것 이야기의 중심을 벗어나지 말 것 칭찬과 동시에 바로 부탁하지 말 것 가식적으로 느껴질 만한 과한 수식어를 사용하지 말 것

프로그래머도 많은 사람과 섞여 일해야 하니 기술적인 부분에서만 실력을 발휘해야 하는 것이 아니라 인간관계에 대한 실력도 발휘해야 한다.

22 남이 알아주지 않아도 화를 내지 않으니 군자라 아니할 수 없다

"스스로 존경하면 다른 사람도 그대를 존경할 것이니라."

尊重別人, 別人才會尊重你

– 공자

어떤 직종에 종사하든 자신의 적성에 맞아야 보람과 능력을 발휘할 수 있다. 아무리 남들이 부러워하는 직업을 갖고 있다 한들 자신과 맞지 않으면 아무런 소용이 없다. 자기 일을 즐길 수 있는 사람이야말로 가장 큰 축복을 받은 것이다. 필자는 프로그래밍 일을 하면서 이 직업이 적성과 잘 맞아 항상 감사하게 생각한다. 프로그래밍 일을 하면서 얻는 행복감은 이루 말할 수 없다. 아마 필자처럼 생각하는 프로그래머가 많을 줄 안다.

그러나 프로그래머라는 직업이 적성에 맞다고 해도 '한국에서...'라는 환경 조건이 붙으면 달라진다. 이번 꼭지에서는 프로그래머로 일하면서 접하는 스트레스와 그로 인해 받는 마음의 상처를 최소화하는 방법을 이야기하려고 한다.

10년 넘게 프로그래머로 일하면서, 주변 동료들이 대부분 비슷한 성격을 갖고 있다는 것을 알 수 있었다. 이들은 공통적으로 프로그램 개발 실력에 대한 자존심이 강하고, 성과물에 대한 자부심 또한 컸다. 이러한 성격은 장점도, 단점도 될 수 있다. 자신의 실력과 성과물에 대한 자부심은 프로그래머가 가져야 할 가장 기본적이고 필수적인 성격이다. 이는 자신의 실력을 향상하기 위해 지속해서 공부하고, 시대의 변화에 적응할 힘을 준다. 내심 속으로 '내가 최고다'라는 생각이 있어야 프로그래머로 살아남을 수 있다.

그러나 이러한 자존심과 자부심이 너무 강하면 부정적인 역효과가 생기기도 하는데, 본인보다 좋은 평가를 받는 프로그래머를 시기하고 질투하는 것이다. 대부분의 프로그래머가 동료가 잘되길 응원하면서도 한편으로는 자신이 그보다 낫길 바란다. 시기와 질투가 커지면 그 동료가 조금만 실수해도 헐뜯고 약점을 공격하기 시작한다. 그가 수행한 결과물의 허점을 지적함으로써 자신의 실력이 더 우위에 있음을 증명하려는 것이다. 의도하지 않았더라도 동료는 자존심에 상처를 받게 되고, 당장은 물러서더라도 훗날을 기약하게 된다. 사회생활에서 중요한 점은 동료를 많이 만드는 것이고, 이보다 더 중요한 것은 적을 만들지 않는 것이다. 헌데, 자신의 실력을 내세우기 위해서 남을 깎아 내리게 되면, 순간의 기분은 좋을지 몰라도 잠재적인 적을 만들게 된다. 자존심에 관한 상처는 똑같은 상처를 상대방에게 주기 전까지 잘 아물지 않는 법이다.

지적하는 입장에서는 별것 아닐지라도 당사자 입장에서는 너무나 크게 느껴질 때도 있다. 비난이나 질책이 좋은 약이 될 때도 있지만, 누구나 막상 좋지 않은 소리를 듣게 되면 그 순간 편하게 받아들이기는 힘들다. 쓰디쓴 말을 한 사람은 그럴 의도가 없었을지라도 '무심코 던진 돌에 개구리가 맞아 죽는다'는 말처럼 당하는 사람은 정신적으로 고통을 앓게 되는 경우도 있다.

특히나 자신이 책임지고 하는 일에 대해 지적을 당하면 순간적인 스트레스가 커진다. "사람이 냉정하다"와 같이 성격에 관한 말에는 크게 상처받지 않지만 "버그가 있다", "작성한 소스코드 중에 오류가 있다"처럼 실력에 관한 말을 들으면 낯이 뜨겁고 창피해 하는 것이 프로그래머다.

잘못된 점은 고치고, 다음에 같은 실수를 반복하지 않으면 된다. 저지른 잘못에 비해 지나친 비난을 받는다면 마음에 담아두지 말고, 한쪽 귀로 흘려서 스트레스를 줄여야 한다. 그러나 이게 말처럼 쉬운 일이 아니다. 필자가 다른 사람에게 상처를 받지 않고 어떻게 그 상황을 받아들일지 고민하던 중 이를 잘 넘기기 위한 지혜를 공자의 논어에서 찾았다. 짧은 구절이지만 그 깊은 뜻에 정말 큰 도움을 받은 구절이다.

"남이 알아주지 않는다 해도 화내지 않으니, 어찌 군자가 아니겠는가?"

人不知而不慍, 不亦君子乎

공자는 이 구절에서 논어에서 추구하는 인재상인 군자의 정의를 명확하게 내려주고 있다. '세상이 자신을 몰라준다 해도 속상해할 필요는 없다'는 것이다. 온갖 방법으로 자기 PR을 하려는 시대에 이 말은 소극적이라는 느낌이 들 수도 있지만, 다른 사람과 함께 생활하면서 인내심이 필요한 순간이 오면 큰 도움을 준다.

사회생활을 하면서 왜 스트레스를 받는지 생각해보자. 본인은 '할 만큼 했다'고 생각하지만, 사람들이 자신을 알아주지 않기 때문에 스트레스받는 일이 대부분이다. 회사 내에서는 이런 일이 자주 발생한다. 상사는 부하직원이 자신이 말하려는 참뜻을 이해하지 못할 때 힘들어하고, 부하직원은 상사가 자신의 능력을 알아주지 않는다고 서운한 마음을 갖기도 한다. 또한, 나름대로 열심히 만든 제품에 대해 고객이 알아주지 않을 때도 스트레스를 받는다.

자신이 한 일에 만족하는 것은 중요하지만, 엄밀히 말해 일에 대한 평가는 평가자에게 달린 것이다. 본인은 '완벽하게 일을 해내었다'고 생각할지라도 평가자의 관점에서 그렇지 않다고 한다면 어쩔 수 없는 일이다. 그러나 스스로 능력을 쌓으면 언젠가는 알아주는 것을 필자는 그동안의 사회경험을 통해 깨달았다. 다만, 그들이 알아주길 기다리기는 것이 쉽지 않을 뿐이다. 중요한 것은 이것이다. '남들이 자신의 능력을 알아주지 않는 것을 시비할 게 아니라 더욱 실력을 기르는 계기로 삼아야 한다.'

필자는 실수에 대한 지적에 어느 정도 적응이 되어서 이전과는 확연하게 마음가짐이 달라졌다. 오류에 대한 지적과 문의는 제품과 문서가 더 좋아지는 과정이고 개선의 기회를 주는 것으로 생각하게 되었다. 지적을 받는 부끄러운 상황에서 습득한 정보는 더 각인되기 때문에 같은 실수는 두 번 하지 않게 되는 좋은 점도 알게 되었다. 이렇게 생각하니 오류를 알려주는 수고와 관심을 보내주는 상대방에게 더 감사한 마음을 갖게 되었다. 이렇게 공자님의 한 구절의 말씀으로 더욱 성장할 수 있는 계기가 된 것이다.

반대로 입장을 바꿔 필자가 남에게 지적이나 조언을 할 때는 말로 꺼내기 전에 한 번 더 생각하게 되었다. 무심코 던진 한마디로 인해 동료와 후임이 상처와 스트레스를 받을 수 있기 때문이다. 지적 노동을 하는 프로그래머가 마음이 편하지 않으면 일을 효율적으로 하기 힘들다.

지적할 때는 여러 번 하는 것보다 신중하게 한 번만 하는 것이 좋다. 신중하게 생각해서 진지한 태도로 하는 지적은 한 번만으로도 효과가 있고 대부분 개선하려 노력하기 때문이다. 그들을 위한답시고 괜히 생각나는 대로 여러 번 지적하면, 그들에게는 그저 까칠한 상사의 잔소리로 느껴져 충고를 무심코 넘길 수 있다. 따라서 스스로 개선할 수 있는 시니어 프로그래머에게는 굳이 작은 실수나 버그를 꼬집어 질책하기보다는 문제가 있음을 알려주기만 하면 된다(신입사원이나 주니어 프로그래머에게는 해당하지 않는다). 물론 반드시 몇 번이고 조언을 해주어야 할 때도 있다. 자만심을 가질 때나 현재의 수준에 안주하는 모습이 보일 때다. 이때는 그들이 더 좋은 방향으로 나아갈 수 있도록 확실하게 말해주어야 한다. 그러나 이때에도 지적할 때와 마찬가지로 조언이 맹목적인 비난과 잔소리로 느껴지지 않도록 조심해야 한다.

조언이나 지적을 듣고 무언가 변화하려는 모습을 보일 때는 격려와 칭찬을 아끼지 않는 것이 좋다. 칭찬과 격려는 지적과 달리 긍정적인 작용은 있어도 큰 부작용은 없다. 대한민국 남자는 회사에서 칭찬과 격려를 한다는 것이 아주 이례적이어서 막상 칭찬과 격려를 하려면 어색하고 쑥스럽게 여긴다. 그러나 이는 금방 익숙해질 것이다. 칭찬할 만한 상황이라면 아끼지 않고 칭찬을 해야 한다. 자신이 실력으로 인정받고 있다는 것을 느낄 수 있게 다른 사람이 많은 가운데 해주면 더 효과가 좋다.

마지막으로, 프로그래머 리더라면 '자신에게는 냉정하고 남에게는 관대하라'는 마음가짐을 가졌으면 한다. 또 이런 마음을 동료와 후임에게 심어 주었으면 한다. 프로그래머로서 실력의 '자부심'은 좋지만 '자만심'은 큰 오류를 낳을 수 있기 때문이다.

평생을 살아가며 질책과 비난으로 인한 마음의 상처를 피할 수는 없겠지만 최소화할 수는 있다. 그리고 마음가짐만 바꾼다면 질책과 비난이 칭찬보다 좋은 약이 될 수도 있다. 공자의 말씀이 프로그래머로서 살아가는 데 많은 도움이 되길 바란다.

23 고민이나 불만을 팀원에게 말하지 마라

"지성인이 군중을 따르는 것은 시간낭비다.
그렇지 않아도 군중이 될 사람은 많다."

– 고드프리 해럴드 하디

회사생활을 하다 보면 나름대로 고민과 불만이 쌓이기 마련이다. 퇴근 후 술자리에서는 동료와 따로 모여 서로 가지고 있는 고민과 불만을 털어놓으며 애환을 나누고 스트레스를 풀기도 한다. 정도가 지나치지 않다면 고민이나 불만을 서로 털어놓는 것은 서로에게 의지도 되고 마음이 조금이나마 풀리게 된다. 고민이나 불만을 털어놓는 이야기 상대는 보통 상사보다 동료나 팀원에게 말하는 것이 더 편할 것이다. 그러나 자신이 리더의 위치라면 주의해야 할 점이 있다. 팀원에게 고민이나 불만을 말하게 되면, 생각지도 못한 부작용이 생길 수 있다.

팀원 입장에서 리더를 바라보는 시선을 생각해 보자. 리더가 고민과 불만이 가득하다면 그 영향이 팀원에게까지 전염되어 모든 상황이 고민스럽고 불만스러워지게 된다. '리더도 저렇게 생각하고 힘들어하는데, 리더보다 경력도 경험도 적은 나는 이겨낼 수 있을까?' 하는 염려에 시달리게 된다. 게다가 리더가 고민과 불만만 가득하다면 팀원은 리더에게 믿음이 가지 않고, 자신이 하는 일이 제대로 진행되고 있는지 의문을 품게 되어 의욕이 저하된다.

또, '리더도 불만을 가지고 힘들어하는데 나도 하기 힘든 건 당연해.' 이런 식으로 불만을 정당화시키게 될 가능성도 있다. 그러니 아무리 편한 팀원이라도 그들이 불안해하지 않게 말을 조심해야 한다. 상황을 부정적으로 인식하는 팀원은 업무 효율이 떨어지고, 정당한 요구나 업무지시도 왜곡된 시각으로 바라보게 된다. 이 때문에 프로젝트의 품질과 생산성은 낮아질 수밖에 없다. 리더가 팀원의 잘못된 시각을 인식하고 긍정적으로 변화시키기 위해 들여야 하는 노력과 시간은 긍정에서 부정적으로 변화될 때보다 10배 이상의 시간이 소요된다.

그러니 굳이 누군가에게 고민이나 불만을 털어놓고 싶다면, 팀원에게 이야기하지 말고 차라리 상사에게 가서 털어놓는 것이 낫다. 상사를 찾아가는 것을 어려워하기 마련이다. 하지만 상사는 어려운 점을 공감해 주는 것을 넘어서 해결해 줄 수 있다. 하지만 팀원은 공감은 해줄지 모르나 해결해 줄 수는 없다. 오히려 신뢰만 잃을 가능성이 더 크다.

반대로 팀원에게 고민이나 불만을 듣게 된다면 리더로서 올바르게 대응해야 한다. 팀원이 고민이나 불만을 얘기했을 때 리더로서 대응하는 올바른 유형 두 가지와 올바르지 못한 유형 두 가지를 적어두었다.

첫 번째, 대안을 마련해 준다.

대안을 마련해 주기 위해서는 풍부한 경험이 있어야 한다. 먼저 경험해 보아야 어떻게 해결할 수 있는지 정확한 접근 방향을 제시해 줄 수 있다. 이 방법은 고민을 털어놓은 팀원에 대한 풍부한 관심이 있어야 가능한 일이다.

두 번째, 경청한다.

팀원은 고민을 털어놓을 곳이 있다는 것만으로도 큰 위안이 된다. 이때 이야기를 들으면서 공감대를 형성해 주면 더 좋을 것이다. 그렇다고 너무 적극적으로 공감하게 되면 리더도 같은 불만을 품고 있다고 오해할 수도 있으니 적당한 선을 유지하자.

다음은 올바르지 못한 유형에 대해서 알아보자.

첫 번째, 모든 문제를 상사가 직접 나서서 해결해 준다.

팀원의 고민은 즉시 해결되지만, 리더가 해결해 주는 것에 팀원이 익숙해지면 다음부터 자신의 고민이나 불만을 리더에게 바로 말하고 리더에 기대게 된다. 이는 팀원의 발전 가능성을 없애는 일이다. 팀원을 수동적인 태도로 만들면 안 된다.

두 번째, 팀원의 고민을 무시한다.

이것은 절대로 지양해야 한다. 심지어 팀원의 고민과 불만을 무시하는 것을 넘어 구박까지 한다면 최악이다. 큰 부작용이 생긴다. "일단 해보라", "다른 방법을 알아서 찾아봐라"라고 대답하는 것은 팀원에게 고민을 다시 되돌려 주는 것이다. 용기를 내어 말한 팀원이 서운함을 느끼고 업무에 의욕을 잃게 되는 것은 어찌보면 당연한 결과다.

리더는 '해결할 방법을 같이 찾는다'는 느낌을 주어야 한다. 그러기 위해서는 공감대를 형성하는 것이 최선이다. 문제를 해결해 줄 수 있는 권한이 없어도 이야기를 들어주는 방법을 가장 추천해 주고 싶다.

팀원의 고민에 대한 대응방법

구분	대응방법	내용
올바른 대응	대안을 마련해 준다.	방법을 제시하고 스스로 해결
	경청한다.	권한을 넘어설 때 고민에 대한 경청
올바르지 못한 대응	직접 해결해 준다.	리더가 나서서 고민을 해결해 주는 것
	고민을 무시한다.	권한 밖의 문제에 대해 무시

현실에서는 고민이나 불만을 공감해 주고 경청해 주기가 쉽지 않다. 실제로 이런저런 이야기를 하다 보면 자신도 모르게 부정적으로 이야기하기 마련이다. 모든 일에 긍정이면 좋겠지만, 일하다 보면 스트레스가 응어리지게 되어 있다. 팀원이 고민과 불만을 말할 때 리더가 중심을 잃으면 고민과 불만을 들어주는 의미가 없다. 그러니 자신이 리더임을 잊지 말고 냉정하게 판단하고 대응해야 한다.

리더는 헛소리다 싶을 정도로 강력한 비전을 제시할 줄 알아야 한다. 목표치가 현재 상황과 차이가 크게 난다고 하더라도 '할 수 있다'고 이끄는 것이 맥 빠지는 소리를 하는 것보다는 낫다.

24 주니어 프로그래머의 변화에 적응해야 한다

"젊은이를 존중하라.
그들의 미래가 우리의 현재와 같지 않을지 어찌 아는가?"

后生可畏, 焉知來者之不如今也？

– 공자

현대인은 여가와 일에 대한 가치관을 뚜렷하게 갖고 있고, 일보다 개인의 삶에 더 가치를 두며 개인의 시간과 자유를 중요하게 생각한다. 또한, 직업에 대한 인식이 선진화됨에 따라 신입사원의 마인드도 이전과는 바뀌었다. 무조건 지시하는 대로 하기만 하는 수동적인 신입사원은 이제 거의 사라졌다. 신입사원으로 입사하는 새로운 세대가 권위적인 분위기와 야근을 피하면서 근무시간이 규칙적인 직종을 더욱 선호하게 되었다. 그러면서 자연히 일은 많고 개인시간이 없는 직업은 선호하지 않게 되었는데 대표적으로 소프트웨어 개발과 관련된 직업이다. 대학을 졸업하고 프로그래머가 선택할 수 있는 직업은 대부분 힘들고 밤을 새우는 일이 많다고 인식되어 있기 때문이다.

변화를 추구하는 젊은 세대는 창의적이고 진취적인 분위기에서 일하기를 원한다. 어느 분야에서나 마찬가지다. 사실 소프트웨어 업종은 가장 창의적인 산출물을 내놓아야 할 분야인데, 업계에서는 창의적이고 진취적인 분위기가 흔치 않다. 소프트웨어 업계에서 일하게 되면 '어디서부터 어디까지 해오라'는 범위를 주면서 지시한 일만 해결해 놓으라고 하는 경우가 대부분이다. 이러한 진행 방식은 자유분방한 마인드를 가진 젊은 세대에게는 답답하게 느껴질 수 있다.

반대로 시니어 프로그래머의 입장에서는 이러한 젊은 세대의 마인드를 이해하지 못한다. 직장 분위기에 적응하지 못한 신입사원이 그만두고 나가면 시니어 프로그래머는 '이번에 나간 신입사원은 업무를 시켜도 잘 안 하고, 야근도 잘 안 하려 하고, 자기 고집만 내세우다 갔다'고 생각한다. 시니어 프로그래머는 자신의 신입사원 시절을 떠올리며 자신이 상사의 말을 곧이곧대로 잘 들었던 신입 시절처럼 당연히 새로운 신입사원도 그래야 한다고 생각한다. 하지만 사회 분위기가 바뀐 것처럼 젊은 세대의 마인드가 바뀌었다는 것을 인정해야 한다.

필자는 과거 엄하고 무서운 시니어 프로그래머였다. 회사 내에서 게으름 피우는 직원이 보이면 필자에게 맡길 정도였다. 당시 필자는 주니어 프로그래머는 모르는 것이 많으니 어느 정도 압박을 주며 업무나 교육을 하는 것이 당연하다고 생각했다. 그렇게 관리하다 보니 중간에 탈락하는 주니어 프로그래머가 속출했다. 대략 ⅔ 정도는 제대로 된 수준의 프로그래머가 되어서 일을 계속하고 나머지 ⅓ 정도는 탈락했다. 이렇게 탈락한 ⅓은 회사를 옮기거나 아예 직업을 바꾸는 주니어 프로그래머도 있었다. 항상 모든 주니어 프로그래머가 다 똑같이 성공할 수 없었다고 생각했기에 적응하지 못하는 주니어 프로그래머가 그만두는 것은 당연하다고 생각했다.

하지만 어느 날 문득 이런 생각이 들었다. '이렇게 그만두게 하는 것이 정말 어쩔 수 없는 일인지, 진짜 올바르게 이끌어 가는 것이 맞는지' 돌이켜 생각해 보게 되었다. 그리고 주니어 프로그래머를 대하는 방법을 바꾸어 보기로 했다.

변화의 시작은 업무 진행 방향을 상세하게 잡아주는 것이었다. 기술적인 내용도 좀 더 자세하게 알려주고 되도록 야근을 하지 않게 노력했다. 주간에 모두 해결할 수 있게 일정관리에 신경을 썼다. 결과적으로 그들이 일을 그만두게 되는 비율이 조금씩 줄어들었다. 이제는 매번 일정 비율만큼 그만두지 않게 할 수도 있겠다는 생각이 들었다.

회사에서 원하는 신입사원상과 젊은 세대가 생각하는 신입사원상의 차이

구 분	회사에서 원하는 신입사원상	젊은 세대가 생각하는 신입사원상
특징	충성심, 열정	창의적, 진취적
교육 방법	전달식 교육 자발적 학습	업무방향 짚어주기 전문가로 성장시키기 잔업근무는 최대한 만들지 않기

무조건 순종하는 주니어 프로그래머만을 찾을 수도 없을 뿐 아니라 설령 있다고 하더라도 창의성이 요구되는 소프트웨어 개발의 특성상 바람직하지

도 않다. 리더는 시대가 변화했다는 것을 인식하고 스스로 변해야 한다. 주니어 프로그래머를 어떻게 성장시키느냐에 따라 팀이나 회사의 운명이 바뀔 수 있다. 신입으로 들어온 주니어 프로그래머가 적응을 잘하지 못한다면 딱딱한 환경이 그 이유일 수도 있다. 요즘 젊은 세대의 문제가 아니라 사회상의 변화이기 때문에 모두가 그들의 가치관을 존중해 주어야 한다. 무조건 몰아넣기식으로 업무를 진행하기보다는 계획성 있게 분배하여 업무를 진행할 수 있도록 노력해야 한다.

25 회식을 커뮤니케이션의 장으로 활용하자

"처음에는 사람이 술을 마시고, 다음에는 술이 술을 마시고,
마침내는 술이 사람을 삼킨다."

– 법화경

직장생활에서 빼놓을 수 없는 것이 바로 회식이다. 회식자리는 단순히 유흥을 즐기기 위해서가 아니라 팀원의 의견을 듣거나 사기 진작을 위해서 필요한 자리이다. 회식을 어떻게 하느냐에 따라 팀원이 회식을 기다리게 될지 꺼리게 될지 정해진다. 회식 자리의 중심에서 리더가 주의해야 할 것에 대해 이야기를 해보자.

첫 번째, '나는 팀원이 좋아하는 리더'라는 착각을 하지 마라.

팀원이 언제나 좋아하고 편히 여기는 리더는 이 세상에 없다. 아무리 좋은 성격의 리더라도 팀원은 불편하게 생각하기 마련이다. 편히 이야기를 나눌 수 있는 자리에 어려운 사람이 있다면 회식자리는 장소만 바뀐 직장에 불과하다. 스트레스를 풀러 갔다가 괜히 스트레스만 더 쌓여 오면 회식을 안 한 것만 못하다. 팀원이 좋아하는 리더가 되고 싶은가? 회식에 참석하여 계산만 하고 바로 가는 것이 정답이다.

만일, 프로젝트 성공이나 사기 진작을 위한 회식자리라면 회식을 시작할 때 팀에 대한 공치사를 하고 한 명씩 돌아가면서 격려를 한다. 테이블에서 약간의 식사와 덕담을 나누고, 차상급자(시니어 프로그래머)에게 비용처리에 대한 결재와 안전에 대한 책임을 주의 시키고 바로 떠나는 것이 바람직하다.

두 번째, 무엇을 먹을까?

보통 한국식 회식은 1차로 고기와 소주를 마시고, 2차로 호프집에 가서 맥주를 마신다. 3차까지 이어진다면 양주나 폭탄주까지 마시면서 끝을 보게 된다. 하지만 프로그래머는 머리형 인간이 많아서 과음으로 인해 의식이 흐려지거나 다음날 숙취 느끼는 것을 매우 싫어한다. 그러므로 이와 같은 과도한 음주회식은 바람직하지 않다. 사기 진작이나 격려를 위한 음주회식이라면 자유롭게 음주하는 분위기로 유도하는 것이 낫다. 술을 강권하는 사람이 있다면 주의를 주는 것도 필요하다. 필자가 권하는 방법은 점심 또는 저녁에 맛

있는 음식만 먹고 끝내는 것이다. 무리해서 술을 마시며 마음속 얘기를 터놓을 필요는 없다. 그저 별다른 주제나 이야기 없이 맛있게 먹고 끝내는 것이 프로그래머에게는 오히려 더 효과적이다.

세 번째, 의견 수렴이나 고민상담은 어떻게 할까?

리더가 팀원의 의견을 수렴하고자 할 때 회식자리에서 허심탄회하게 말하자고 하는 경우가 있는데 이것은 별로 효과적이지 않다. 생각해 보자. 모두 둘러앉은 자리에서 허심탄회하게 말할 수 있는지를. 고양이 목에 방울을 다는 것은 쉬운 일이 아니다. 결국, 용기를 내어 첫 번째 발언한 팀원을 시작으로 허용되는 범위에서 얘기를 나누다 끝이 난다. 정말 하고 싶은 얘기는 꺼내지도 못한다. 그런데 리더는 모든 문제를 들었거나 해결이 됐다고 착각한다.

물론 용기 있는 팀원이 직언을 하는 경우도 있다. 그러나 대부분의 리더는 이에 대한 반론이나 회사의 시스템에 대한 교육으로 대처한다. 이는 가장 좋지 않은 대응이다. 직언을 한 팀원은 망신을 당하게 되고, 그 결과 모두가 입을 닫게 된다. 따라서 리더는 기분이 좀 상하더라도 '참고하겠다'고 해야 한다. 그래야 다른 팀원과도 소통이 가능하다.

개인적으로 가장 권장하는 방법은 1:1로 술자리를 만들어 의견을 청취하는 것이다. 해당 팀원과 유대관계가 약하다고 해서 3자를 배석시키면 효과가 떨어진다. 1:1로 모든 팀원에 대해서 의견을 들으면 팀의 전체적인 상황을 볼 수 있다.

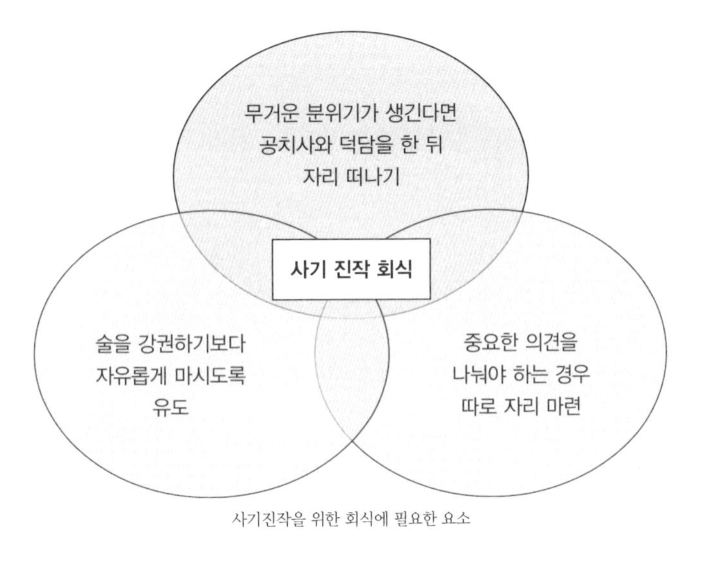
무거운 분위기가 생긴다면
공치사와 덕담을 한 뒤
자리 떠나기
사기 진작 회식
술을 강권하기보다
자유롭게 마시도록
유도
중요한 의견을
나눠야 하는 경우
따로 자리 마련

사기진작을 위한 회식에 필요한 요소

모두가 즐기자고 모이는 회식자리이니만큼 스트레스를 모두 풀어줄 수 있도록 만들어 주는 것이 가장 중요하다. 그러니 앞서 회사 일에 관한 이야기를 했다면 회식 분위기가 무르익어갈 즈음에는 서로 편할 수 있게 불편하고 어려운 이야기는 삼가는 것이 좋다.

26 승진하는 방법

"적게 이루고 싶은 사람은 적게 희생하고,
많이 이루고 싶은 사람은 많이 희생해야 한다."

– 제임스 앨런

'어떻게 하면 승진을 할 수 있느냐'는 질문을 많이 받아 보았다. 사실 누구나 궁금해하는 문제다. 모든 상황에 맞는 답을 해줄 수는 없었지만, 필자가 겪은 일에 대한 경험담을 잠시 나누고자 한다.

일반적으로는 회사에 큰 이익을 남기면 승진에 유리할 것으로 생각한다. 그래서 대부분의 프로그래머는 직속상사가 자신의 공로를 인정해 주고 회사에 알려주기를 바란다. 여기에 집착해서 처절해 보이기까지 하는 수많은 노력을 한다. 프로젝트를 하면서 자신이 조금이라도 기여하고 수정한 부분이 있다면 사소한 것이라도 꼭 보고해 달라고 부탁하기도 한다. 타 지역에 출장을 갔다가도 고과평가를 할 때가 되면 회사에 어떻게 해서든 다시 돌아와 눈도장을 찍으려고 할 정도다. 이렇게까지 했는데도 뜻대로 되지 않으면 상사와 회사에 서운한 감정이 생기게 되고, 공로를 알리려는 자신의 모습이나 다른 이들의 모습을 바라보면서 치졸하다는 느낌이 생길 때도 있다.

그러나 '회사에 공로를 남기면 승진이나 연봉협상에 유리할 것'이라는 생각은 자신이 놓인 위치에 따라 평가가 달라진다. 부서장 정도 되면 다른 부서간 경쟁에서의 매출이나 이익이 큰 의미가 있겠지만, 프로그래머의 위치에 있을 때는 매출이나 이익이 많은 영향을 미치지 않는다. 보다 큰 평가를 받는 것은 '주니어 프로그래머를 성장시키는 것'이다.

필자도 주니어 프로그래머 시절에는 '공로에 대해 어필을 해야겠다'는 생각을 했었다. 내가 세운 공로를 반드시 지키려 했고 나의 공로를 가로채려는 상사를 경계하기도 했다. 아마도 이런 행동은 본능에 가까운 것일지도 모른다. 그러나 돌이켜 생각해보면 내가 원했던 만큼 공로가 제대로 인정되지 않을 때가 더 많았다. 다른 이들도 많이 겪어봤겠지만 나름대로 공로를 많이 세운다고 해도 상사가 가로채 가거나 소위 '밥숟가락 걸치기'와 같은 일이 생기는 일이 허다하다.

한 해 동안 공로 만들기에 신경을 써도 연말에 고과평가 시즌이 되면 기대와 다른 결과를 맞이하는 사례도 빈번하다. 그러면서 직속상사가 불러 고과평가의 결과에 대해 미안하다는 얘기를 하기도 한다.

언젠가 고과평가 시기에 직속상사에게 불려 간 적이 있었는데 당시 상사는 내게 이런 말을 했었다. "같은 부서에 승진을 앞둔 직원에게 좋은 고과를 줘야 했으니 이해해 달라." 당시 내가 맡은 프로젝트의 규모가 매출 기준으로 그 직원보다 10배 이상 컸었다. 객관적으로 평가한다면 그 직원의 고과를 나보다 더 좋게 줄 수 없는 상황이었다. 섭섭하고 억울하기는 했지만, 상사에게 감히 솔직한 마음을 보여줄 수는 없었다. 이렇게 연말 고과평가를 하고 보니 평가라는 것이 그동안 쌓아온 나의 노력과 실적과는 상관이 적고, 연봉과 승진 또한 외부요인이나 경제상황에 따라 좌우되는 경향이 더 큰 것이 아닌가 하는 생각이 들었다.

그러던 중 회사에서 작은 어려움이 찾아왔고, 이때 처음으로 나의 공로를 인정받는 일이 생겼다. 그것은 내가 평소에 생각하는 '공로'라고 생각해 왔던 프로젝트 실적이나 매출의 크기와 상관없는 요소였다. 당시 나는 3명의 팀원을 데리고 프로젝트를 진행하고 있었는데, 그동안 비슷한 유형의 프로젝트를 반복 진행하였기 때문에 나는 팀원의 실력향상에 집중했었다. 기술증진과 프로젝트 실무에 대한 교육을 수시로 진행했고, 팀원이 성장하는 모습에 보람을 느꼈다. 그런 모습을 보고 믿음직스러웠는지 큰 조직의 팀장으로 발령을 받게 된 것이다. 갑자기 이렇게 된 이유를 물어보니 3명을 잘 관리하는 리더라면 18명도 잘 관리할 것이라는 이유에서였다. (다음 장에서 설명하겠지만 이후 18명의 팀을 관리하는 것은 또 다른 문제로 그렇게 순탄하지는 않았다.)

회사에 대한 '공로'라는 것은 생각했던 것과는 달랐고, 이때 개인적인 성과만 챙기는 공로는 크게 중요하지 않다는 것을 깨달았다. 100억이 넘는 프로젝트를 수행하며 회사의 매출에 기여했던 공로보다는 팀원을 성장시켰던 공로를 더 인정받았기 때문이다.

이후로 나는 성과를 챙기는 데 큰 욕심이 나지 않았다. 팀원과 상사에게 공을 돌리게 되니 오히려 공로 세우기에 욕심냈던 때보다 회사에서 원활하게 지낼 수 있었다. 비슷한 직급의 시니어 프로그래머가 주니어 프로그래머가 치고 올라오는 것을 걱정할 때, 나는 그들의 교육이나 성장에 더 신경을 쓸 수 있게 되었다. 이렇게 되니 나중에는 주니어 프로그래머가 우리팀에 오고 싶다고 신청하는 일도 잦아졌다.

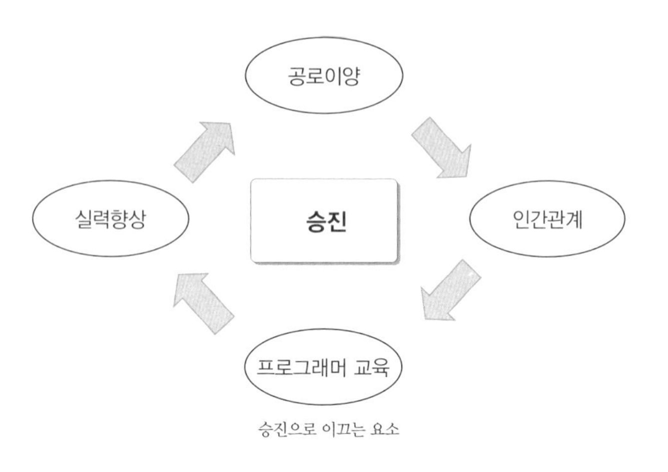

승진으로 이끄는 요소

주니어 프로그래머가 모이고, 그들이 성장하면 자연스럽게 실적은 따라오는 것이다. 성과는 좋을 수도 나쁠 수도 있지만 내 실력을 키워 놓는다면 어떤 상황이 와도 견뎌 낼 수 있다. 팀원이 같이 일하고 싶은 리더가 되어야 하고, 리더가 함께 데리고 일하고 싶은 팀원이 되어야 한다.

좋은 성과를 내는 것이 부진한 실적보다 승진에 잘 반영이 되는 것은 사실이다. 다만 필자가 말하고 싶은 것은, 이것이 승진에 큰 영향을 끼치지 않는 경우가 많다는 것이다. 오히려 성과에만 너무 집착하게 되면 원래 추구해야 할 목적을 잃고 흐트러질 수도 있다. 이렇게 주객이 전도된다면 회사에도 자신에게도 모두 좋지 않은 결과를 낳게 된다. 제대로 된 성공은 높은 자리로 올라가기만 하는 무의미한 승진이 아니라 실력으로 성공하는 것이다. 성공하고 싶다면 자신의 공을 남에게 돌리고 자신이 가진 기술을 전수하려는 자세가 필요하다.

이 장에서는 리더의 소통을 주제로 필자의 여러 가지 경험을 이야기해 보았다. 리더는 소통과 함께 항상 모범을 보여야 한다. 리더가 어떻게 행동하는지 모든 팀원이 바라보고 있기 때문에 자신에 대해 더욱 엄격한 잣대로 평가해야 한다. 또 리더의 영향력을 얻기 위해서는 팀원보다 나은 능력을 보여주어야 한다. 이 두 가지를 향상시키기 위해 필요한 것이 자기 계발이다. 다음 장에서는 리더의 능력을 향상하고 모범을 보이기 위한 방법에 관해 이야기하고자 한다.

chapter 4

리더의 자기 계발

27 내가 바로 The One이다

"He's the one."

– 모피어스(영화 〈매트릭스〉 대사)

세상은 나를 중심으로 돌아가고 내가 가장 중요한 사람이다. 이 사실은 너무나도 증명하기 쉽다. 세상에 아무리 멋진 일이 생긴다 해도 내가 죽거나 모른다면 아무런 의미가 없다. 아무리 뉴스에 엄청난 일들이 벌어진다고 해도, 누군가 로또에 당첨되어 대박을 터뜨렸다고 해도 내가 보고, 만지고, 느낄 수 없으면 아무런 소용이 없다. 따라서 세상에서 가장 중요한 것은 나 자신이다. 이것을 깨닫지 못하면, 거대한 세상에 보잘것없는 존재처럼 느껴지고 무기력함이 자신을 지배하게 된다. 자신이 가장 중요한 사람이라는 사실을 깨닫고 세상을 바꾸고 정상에 설 수 있다는 자신감을 가져야 한다. 다만, 이것이 지나쳐서 이기주의 또는 자기중심적인 생각으로 발전하는 것은 피해야 한다. 타인도 중요한 인격체이기 때문이다.

필자가 가장 좋아하는 영화는 〈매트릭스〉다. 아마도 많은 프로그래머가 〈매트릭스〉를 좋아할 것으로 생각된다. 주인공인 '네오'의 직업은 프로그래머인데 매트릭스 세상에서는 전지전능한 능력을 발휘하며 매트릭스를 지배하는 기계, 바이러스와 싸우게 된다.

여기서 중요한 점은 주인공 네오가 매트릭스 밖의 현실 세계를 구원할 존재로 'The One'이라 불리게 되는 것이다. 네오 본인은 정말로 자신이 세상을 구원할 'The One'이 맞는지 갈등하지만, 주인공을 도와주는 '모피어스'와 '트리니티'는 한결같이 네오가 세상을 구원할 존재가 맞음을 확신시켜 주고 목숨까지 바치는 희생을 한다. 나중에는 네오 자신도 본인이 'The One'의 존재가 맞음을 깨닫고 인간 세상을 구원한다.

매트릭스 영화 포스터

자기 자신이 가장 중요하다고 느끼는 것은 본능이다. 하지만 사회생활을 하면서 주변 사람들의 영향을 받아 그것을 잊고 지내게 되는 것이다. 우리나라에서는 예의범절을 중요시해서인지 한없이 남을 배려하고 남을 먼저 생각하는 것을 덕으로 생각한다. 이러한 것이 나쁜 것은 아니지만 남을 생각하느라 자신을 잊는다면 인생에서 가장 중요한 행복을 느낄 수 없다.

'내가 가장 중요하다'고 내세우면 비난의 말을 듣게 될까 두려워한다. 그리고 우려했던 것처럼 '세상이 자기중심으로 돌아가는 줄 아는 이기적인 사람' 또는 '왕자병', '공주병' 취급을 받거나 독특한 사람으로 폄하되기도 한다. 그러나 세상은 자기중심으로 돌아가는 것이 맞는 것이고 우리 모두는 그 세상을 바꿀 힘도 있다. 앞서 말한 대로 자기 자신을 가장 중요하게 생각하는 것은 인간의 본능이다. 이러한 본능을 거역하고 살아간다면 남들과 똑같이 지루한 제자리걸음의 연속인 삶을 살 수밖에 없다. 그러므로 자기 자신은 무한한 가능성을 가지고 있고, 세상을 바꿀 수 있는 중요한 존재임을 자신에게 반복해서 인식시켜 줄 필요가 있다.

매트릭스 세상 속의 네오가 빨간약을 먹고 현실을 인식했듯이 우리도 깨어날 때가 되었다.

필자는 론다 번의 저서 『시크릿』을 보고 깨어나게 되었는데, 그 책의 내용을 한 줄로 요약하면 '상상한 것은 현실화되어 돌아온다'는 것이다. 사회생활을 하면서 인생을 어느 정도 겪다 보면 『시크릿』의 내용이 세상의 진리임을 느끼게 된다. 다만, 막연하게만 느낄 뿐 정리되지 않았기 때문에 책이나 강연으로 지식을 체계화하고 정리하는 것이다.

필자는 〈시크릿〉을 영화로 먼저 보게 되었는데 그때가 내 인생의 터닝포인트였다. 그전에는 정말 평범한, 야근하며 힘들게 일하는 프로그래머였다. 거대한 세상 속에 힘든 삶을 사는 직장인이었고, 수많은 대한민국 보통 사람 중 하나였다. 어느 주말 저녁에 아내와 함께 〈시크릿〉을 보고 난 후, 내가 세상의 중심으로 가장 중요한 존재이며 나에게는 세상을 바꿀 능력이 있음을 깨달았다. 마치 네오가 매트릭스 세상에서 깨어나기 위해 알약을 먹은 것과 같이...

이후 필자는 매트릭스 세상을 날아다니듯 상상하기 시작했고, 영화와 같이 그 상상을 현실화하기 시작했다. '시작이 반'이라는 말이 있듯이 처음이 어렵지만, 한 번 작은 성공을 경험하기 시작하면 더욱 강하게 믿을 수 있다. 이렇게 되면 상상하고 그것이 실현될 것을 확신하고, 또 실제로 실현되는 선순환 구조가 이루어져 상승효과를 가지게 된다.

예전에 필자는 가장 친한 친구에게 필자가 경험한 것을 이야기하고 〈시크릿〉의 동영상과 책(꿈꾸는 다락방)을 보여주고 권하였다. 사실 필자는 주변에 있는 거의 모든 사람에게 이런 권유를 한다. 그런데 놀라운 사실은 권유를 받은 대부분의 사람이 "긍정적인 마인드를 가지고, 열심히 노력하면 된다는 것이죠? 그런데 그게 실천하기가 어려워서..." 이러한 비슷한 반응을 보인다는 것이다.

중요한 것은 긍정적인 마인드나 굳은 의지가 아니다. 핵심은, 상상하는 것과 실현될 것이라는 믿음이다. 의심하지 않고 굳게 믿는 것을 제대로 하면 긍정적인 마인드와 의지는 큰 노력을 하지 않아도 그 뒤에 부수적으로 힘들이지 않고 저절로 따라오는 것이다. 상상하면 희망과 기쁨이 생기고, 이루어질 것을 믿으니 자연스럽게 팍팍한 삶의 걱정이 줄어들게 된다. 또 이루어질 것이라는 믿음 덕분에 한시라도 빨리 현실화되었으면 하는 생각에 안달이 나게 된다.

그런데 보통의 사람은 상상과 믿음 없이 갑자기 긍정적인 마인드를 갖겠다고 억지로 노력하거나, 의지만으로 실천하겠다고 노력부터 하니 금세 지칠 수밖에 없다. 상상하는 것은 자동차를 달리게 하는 휘발유와 같다. 상상과 믿음이 없는 행동 실천은 휘발유가 없는 차를 빨리 달려보자고 재촉하는 것과 다름없다. 긍정적 마인드를 갖는다는 것은 그 사람의 성격을 변화시킨다는 것인데 평생을 가지고 살아온 성격을 바꾸려 하니 쉽게 될 리가 없다. 또 의지만으로 실천하기도 쉽지 않다. 갑자기 평소의 생활 패턴과 다르게 일찍 일어나서 공부를 한다든가, 매일 하던 취미나 오락을 그만두고 자기 계발을 하는 것은 스트레스만 쌓이고 금방 지치게 만든다.

하지만 상상하고 믿는 것은 자연스럽게 실천할 수 있는 힘을 준다. 본인이 꿈꾸는 것이 조금씩 이루어지는 것을 보면 빨리 결과물을 보고 싶어서 더 몰입하게 된다. 상상이라는 휘발유만 넣으면 자신이라는 자동차는 자연스럽게 달리게 된다.

만일 자신의 토익 점수가 현재 600점의 수준인데, 3달 뒤 목표가 700점을 받을 것을 목표로 삼고 그것을 이루었을 때를 생각해 보자. 이것이 취업에 성공하는 상상보다 기쁠 수 있을까? 성적이 올랐으니 기쁘고 약간의 뿌듯한 성취감은 있겠지만 아무래도 정도는 약하다.

필자가 만일 토익 시험에 대해 상상을 한다면, 다음과 같이 할 것이다. 기간을 1년 또는 2년으로 잡고, 영어 토익 시험을 만점을 받는 상상을 할 것이다. 만점을 받아서 신문기사에도 나오고, 토익 점수가 주요 스펙인 기업에 원서를 넣고 모두 합격해서 자신이 원하는 회사에 골라서 입사하는 것이다. 또 그것을 경험으로 영어 학습서를 출간해서 베스트셀러에 오르고, 그에 관한 강연을 하고 다니는 상상을 하는 것이다. 그렇게 되었으면 좋겠다고 생각하는 게 아니라 이미 모든 것을 이루어서 강연을 마치고 사인회를 할 때의 뿌듯한 마음까지 생각하는 것이다. 이 정도의 상상이라면 괜찮지 않은가?

또 다른 사례를 살펴보면 그 원리에 대해 느낄 수 있다. 이해하는 것보다는 본능에 따라 느끼는 것이 필요하다.

다음은 『공부가 제일 쉬웠어요』의 저자 장승수 변호사의 머니투데이 인터뷰 기사이다.

> "꿈만으로는 왜 안되죠? 그건 자다가도 벌떡 일어나게 하는 진짜 꿈이 없기 때문이 아닌가요?" 한창 식당에 물수건 배달하던 스무 살 때 장승수의 꿈은 서울대 1등이었다. "그땐 서울대 1등이 절 지탱했습니다. 1등을 하는 꿈만 생각하면 눈물이 나고 가슴이 두근거렸죠. 아무리 힘들어도 1등을 해서 서울대 정문에 들어가는 장면만 생각하면 가슴이 '쿵' 해지고 그랬죠. 꿈이라는 건 그것만 생각하는 겁니다."

이렇게 상상을 하면 못 이룰 것이 없다. 상상하는 방법에 대한 가이드라인을 다음과 같이 정할 수 있는데,

∨ 본인이나 다른 사람이 생각하기에도 대단한 것이어야 한다.

∨ 1년에서 2년 정도의 기간에 이룰 수 있는 것이 좋다.

∨ 가족에게 말하고 협조를 받는 것이 좋다.

∨ 다른 사람에게는 비밀로 하고 있다가 현실화되었을 때 주위에 알리는 것이 좋다.

√ 상상이 현실화되었을 때 사람들의 반응을 상상하고 즐긴다.
(예시 : "언제 그렇게 준비했니? 정말 대단하다!"라고 말하며 모두 깜짝 놀라겠지?, 나를 남다르게 볼 거야)

본인의 상상 또는 꿈이 비현실적이더라도 한 번 가이드라인에 맞추어 상상해 보길 추천한다. 필자가 가이드라인 중에서 가장 중요하다고 생각하는 부분은 '가족에게 말하고 협조를 받는 것이 좋다'이다. 가족에게 자신의 계획을 말하고, 함께 협조해 달라고 하는 것이다. 가족과 함께 상상하면 금상첨화다. 내가 성공했을 때의 상상을 가족과 같이 하는 것이다. 내가 성공하여 자랑스럽고, 금전적으로도 상황이 개선되는 상상을 함께 공유하는 것이다. 그러면 내가 상상하는 것보다 그 에너지가 배가 된다.

필자는 항상 아내와 함께 상상하고 해당 이슈가 성공했을 때 공로의 절반은 아내에게 있다고 생각했다. 필자가 노력하여 이룬 일이라도 중요한 것은 이를 실현시켜 주는 상상의 에너지다. 절반의 에너지는 같이 상상을 하고 기원해 준 아내에게서 온 것이다.

또, 함께 상상을 하면 가족의 이해심이 커진다. 대한민국의 가장이고 프로그래머가 직업이라면 회사 근무시간에서 자유로울 수 없다. 그런데 요즘은 시대의 변화로 인해 가장 역할의 범위가 점점 넓어지고 있다. 70, 80년대 아버지들은 산업 역군으로서 사회생활을 열심히 하고, 돈을 벌어 가족을 돌보면 좋은 가장이라 생각했다. 어려운 시기였기에 정말로 가족의 끼니를 해결할 수 있으면 최고의 아버지였다.

지금은 우리나라가 선진국에 진입하는 시기로 우리 사회의 눈높이도 많이 높아졌기 때문에 가장의 역할과 기대치는 더 높아졌다. 사회생활을 하는 것은 당연하고 더 가정적인 아버지의 역할에 대한 기대도 요구된다. 가장의 역할에 대한 눈높이가 높아졌는데 밤늦게까지 초과 근무를 빈번하게 하는 프로그래머 가장이라면 당연히 가족은 불만이 쌓이게 된다. 또 주 5일제가 법적으로 규정되어 있는 사회에서 토요일에 출근하게 되면 그에 대한 가족의 반발은 이만저만이 아니다.

하지만 꿈을 함께 상상하면 가족의 이해심이 더 넓어진다. 불만이 없어질 수는 없지만, 함께 문제를 공유하고 해결하려고 하므로 더 좋은 환경에서 꿈에 도전할 수 있어 가능성이 높아지는 것이다. 또 상상을 현실화하였을 때, 가족에게서 받은 에너지에 대한 고마움을 함께 나누기 때문에 성취감과 기쁨도 배가 된다. 이러한 이유로 필자는 항상 함께 상상하고 이해해 주는 아내에게 감사함을 느낀다.

아이들과 함께 상상하는 것도 정말 중요하다. 첫째 딸은 아홉 살인데 아빠가 이루고 싶은 일들을 함께 상상한다. 어른들이 상상하는 것이 힘든 이유는 세상 경험을 너무 많이 해서 의심이 많기 때문이다. '정말 내가 이룰 수 있을까? 일이 잘못되지 않을까?' 하는 의심이 너무 많아서 믿음이 있는 상상을 하기가 어렵다.

하지만 아이들은 의심 없이 순수한 마음으로 상상한다. 아빠가 "이러한 일들을 할 거야" 라고 말해주면 아무런 의심 없이 아빠가 할 일들을 상상하는 것이다. 아이들이 하는 상상은 순수한 에너지이다. 상상하는 것이 자동차의

휘발유라고 한다면 아이들의 상상은 고급 휘발유라고 할 수 있다.

자신이 하고 있는 상상을 극대화하려면 먼저 많은 에너지를 수집하는 것이 좋다. 그리고 가장 쉽고 효율적으로 에너지를 얻을 수 있는 곳은 바로 가족이다.

필자는 이렇게 함께 꿈을 생각하고 이루는 과정이 아이들 교육에도 도움이 되고, 인생의 좋은 지침서가 된다고 생각한다. 아이들은 부모의 모습을 보고 자란다고 하지 않는가.

다시 한번 삶을 되돌아보며 자기 자신을 얼마나 중요하게 여기며 살아왔는지 생각해 보면 좋겠다. 진실한 마음으로 자기 자신을 아끼면 이기적인 사람이 되는 것이 아니라 그만큼 남을 아낄 수 있게 된다. 필자의 글이 여러분 모두에게 〈매트릭스〉의 모피어스와 트리니티 같은 존재가 되었으면 한다.

28 Vision을 갖자

"사람이 멀리 생각함이 없으면 반드시 근심스런 일이 가까이 다가온다."

人無遠慮 必有近憂

– 공자

하루의 일과를 정리하며 무엇을 했는지 모두 기록해 보자. 그리고 그다음 날은 해야 할 일을 미리 계획해 두고 일을 해보자. 예를 들어 '오늘은 정시에

퇴근하는 것이 목표'로 정해 두었다고 치자. 그러면 '정시퇴근'을 위해 계획을 세우고 나태해지는 시간 없이 일을 처리할 것이다. 완벽하게 다 해낼 수는 없겠지만, 평소보다는 조금 더 많은 일을 해낼 수 있을 것이다. 또 그다음날에도 목표를 세운다. 이번에는 어떻게 할 것인지 구체적인 시간도 적어서 계획하고 일을 해보는 것이다. 그 결과 좀 더 체계적으로 일을 처리할 수 있을 것이다.

이렇게 하루 계획을 구체적으로 세우면서 더 많은 것을 이루고 시간을 아낄 수 있었던 이유는 무엇일까? 답은 간단하다, 계획을 지키고자 하는 목표가 있었기 때문이다. 미리 계획해 두면 이 시간에 무얼 해야 할지 바로 떠올라 남들에게 휩쓸리지 않을 수 있다. 하루에도 수없이 만나는 선택의 기로에서 올바른 선택을 하는 데 도움을 준다. 이것을 좀 더 확장해 자신의 일과 인생에 적용해보자. 인생에 비전하나 세워두고 비전을 추구하는 목표를 세워두는 것이다. 이러한 방식으로 하루 계획을 세웠을 때 얻는 효과처럼 인생에 긍정적인 효과를 줄 수 있다.

하지만 대부분의 사람은 뚜렷한 비전을 갖고 있지 않다. 다들 '지금' 사는 것에 바빠 미래를 고민할 여유가 없기 때문이다. 특히 공학도 직장인은 비전을 가지고 꿈을 실천하는 데 소홀하다. 엔지니어일수록 안정을 유지하며 톱니바퀴처럼 굴러가는 것을 좋아하는 성향이 크다.

우리나라 기업의 경영진에는 공학도가 부족한데, 사회적 풍토도 있지만 엔지니어의 노력이 부족한 점도 있다. 공학도는 기술적인 지식 축적과 연구에 더 흥미를 가지고 몰두하여, 비전과 자기 계발에는 소홀한 경우가 많다. 프로그래머도 새롭게 쏟아지는 IT 기술과 프로그래밍 기술을 익히는 것에는 몰두하지만, 이 기술에 어떻게 사용되고 왜 배워야 하는지에 대한 고민은 부족하다. 이와 함께 개인적인 발전과 가지고 있는 기술을 어떻게 활용하여 사업화할지 또는 개인적인 이익으로 연결할지에 대한 고민도 잘 하지 않는다. 최신 기술이 어렵고 복잡할수록 대단해 보이고 기술 자체를 신봉하다 보니, 힘들게 배웠는데 정작 쓸 곳이 많지 않은 경험을 할 때가 많다.

비전은 기술을 배우고 익히기에 앞서 그것이 나에게 얼마나 가치가 있는지를 생각하게 해준다. 또 기술뿐 아니라 새롭게 필요한 것을 찾을 수 있게 해 준다. 기술 습득만 추구하던 삶에서 다양한 방면에서 보다 균형 잡힌 삶을 만들어 준다. 비전을 가지는 것은 엔지니어가 어떤 방향으로 살아갈지 방향을 잡고, 이후에 기술과 지식을 어떻게 습득할지를 제시해 준다.

비전은 개인의 선택사항이지만 가지고 있는 것과 가지고 있지 않은 것에는 큰 차이가 있다. 비전이라는 커다란 틀이 있으면 하루계획부터 인생계획까지 목표를 세우기 쉬워진다. 비전을 가지고 있으면 어떤 이점이 있는지 자세히 알아보도록 하자.

1. 비전은 무엇일까?

비전은 내가 갖고 싶은 모습, 자신이 꿈꾸는 이상적인 모습을 말한다. 비전은 개인마다 각양각색이고 양과 질도 다르다. 프로그래머 중에도 전문 분야를 깊게 연구하고 싶은 사람, 넓게 지식을 쌓고 싶은 사람, 사업을 하고 싶은 사람, 앞선 기술을 연구하고 싶은 사람, 프로그래밍 전문서적을 내고 싶은 사람, 프로그래머 교육자가 되고 싶은 사람, 우리나라 이공계에 기여하고 싶은 사람 이렇게 같은 공간에서 일하는 프로그래머도 각자 비전이 다르다.

2. 비전을 가지고 있는 것이 왜 중요할까?

첫 번째, 비전이 있고 없고의 차이는 사막에서 목표점이 있는 지도를 들고 있는 것과 목표점이 없는 텅 빈 지도를 들고 있는 것과 같다. 갈림길에 서서도 지름길을 찾아 바로 선택할 수 있고 힘들면 쉬어서 단물을 마실 수 있게 하는 것이 바로 비전이다.

두 번째, 비전은 내 자신을 움직이게 만든다. 남을 움직이게 만드는 것도 힘들지만 자기 자신을 움직이게 하는 것이 더 힘들다. 자기 자신의 변화로 주변환경도 얼마든지 달라질 수 있다. 명확한 비전이 생기면 비전을 이루기 위한 목표가 생기고 목표를 달성하기 위해 행동하게 되어 있다. 프로그래머의 비전이 '하고 있는 일에서 최고가 되자'라면, '프로그래머 리더'를 목표로 삼을 수 있고, '프로그래머 리더'가 되기 위해 더 열심히 공부하고 후배를 양성할 때 적극적으로 정성 들여 교육할 수 있다. 그리고 그렇게 노력하는 모습에 주변 후배, 상사도 그를 새롭게 볼 것이다.

마지막으로 비전을 갖고 있으면 그 어떤 바람이 불어도 흔들리지 않게 해준다. '프로그래머는 힘든 직업이다', '프로그래머는 수명이 짧다'는 말을 들을 때 비전이 없으면 쉽게 흔들린다. '정말 그런가, 그렇게 되겠지, 그럼 빨리 다른 도피처를 찾아야겠다'고 포기도 쉽게 한다. 하지만 비전이 뚜렷하다면 남들의 걱정, 쓴소리가 자신의 신조에는 영향을 끼치지 않는다.

3. 비전을 어떻게 가져야 할까?

비전은 많이 가질수록, 구체적일수록 좋다. 막상 생각해보니 떠오르지 않는다 해도 일단 써보기나 하자. 다른 사람이 어떻게 생각할지 신경 쓰지 말고 진실한 마음으로 써보는 것이다. '연봉 1억의 프로그래머가 되겠다', '구글 또는 애플에 취업하겠다'처럼 자신의 직업에 대한 비전도, 인생에 대한 비전도 그 어느 것이라도 모두 좋다. 지금 현실에서는 도저히 이룰 수 없는 것이더라도 써보는 것이다. 그다음에 눈에 잘 띄고 자주 보는 곳에 그 비전을 상기시킬 수 있게 글로 적든 사진을 붙이든 해두어야 한다. 매일 보고 떠올려야 마음을 다잡을 수 있기 때문이다. 그리고 비전을 이루기 위한 목표를 세우자. 비전을 위해 큰 목표, 큰 목표를 위한 작은 목표, 이렇게 차근히 세워나가는 것이다. 이렇게 하면 완벽하게 최종 비전에 도달하지 못하더라도 가까이는 갈 수 있게 된다. 완벽하게 하지도 못할 것을 왜 하는지 의문을 갖는다면 이렇게 생각해보자. '비전에 가까이 가는 것만으로도 지금보다는 훨씬 나은 생활을 할 수 있다'고 말이다.

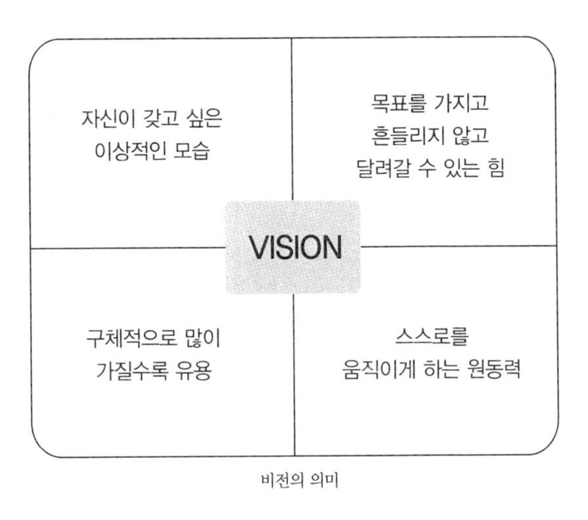

비전의 의미

비전은 개인마다 성향의 차이가 있지만, 프로그래머의 리더로서 세울 수 있는 예를 생각해 보자.

∨ 자신의 분야를 심도있게 연구해서 상위 1%의 전문가가 되자.

∨ 팀원의 역량을 향상시켜 모두가 전문가인 조직과 인력풀을 만들자.

∨ 전문성을 인정받는 자격을 얻자.

∨ 여러 가지 분야를 연구해서 다양한 분야를 넓게 이해하자.

∨ 자신의 경험과 노하우를 글로 써서 후배들에게 전달하자.

이외에도 자기의 성향에 맞게 하나를 정해서 자신의 vision으로 삼자.

비전을 가지고 미래를 준비하는 것은 매일 눈앞에 펼쳐지는 사소한 걱정이나 고민을 사라지게 한다. 앞서 말했듯, 비전을 가지면 흔들리는 마음을 다잡을 수 있기 때문이다. 비전을 세우면 평소에 느꼈던 일에 대한 스트레스도 많이 경감되는 효과가 있다.

불이 났을 때 빨리 달려가는 것보다, 비상구를 향해 올바른 방향으로 가는 것이 중요한 것처럼, 인생도 그저 앞만 보고 달려가기보다는 확실한 방향을 가지고 나아가는 것이 중요하다.

29 내 밥그릇을 깨뜨리자

"생선과 손님은 3일이 지나면 냄새를 풍긴다."

– 벤저민 프랭클린

자신이 개발한 소스코드를 핵심기술이라 믿고 다른 동료나 부사수에게 전수하지 않고 혼자 지키려 하는 프로그래머가 있다. 자신이 가진 기술이 회사의 핵심이며, 밥줄이라고 생각하고 숨겨놓으려는 프로그래머다. 이들은 다른 프로그래머가 그 기술을 이용해야 할 때 소스코드는 숨기고 'dll'만 제공한다. 자신의 밥그릇을 가장 중요하게 생각하기 때문이다. 그리고 그 기술을 구현할 수 있는 것은 자기뿐이라고 주장한다. 그 기술을 할 수 있는 사람은 그 밖에 없다는 인식을 시켜주기 위함이다. 자신이 그 기술을 사용할 줄 아는 '유일한' 사람이니 회사에서 더 나은 대접을 받길 바라는 심리도 작용한다.

자기 밥그릇을 숨기는 프로그래머의 두드러진 점은 기술을 자꾸 아끼고 감추려고 한다는 것이다. 항상 누가 내 것을 가져가지 않나 의식하고, 이것이 자신의 가치를 지키는 일이라 생각한다. 하지만 필자가 본 경험으로는 자기 밥그릇만 챙기는 프로그래머는 대부분 실패했다. 실패할 수밖에 없는 이유를 크게 세 가지로 나누어 볼 수 있다.

첫째, 현재 중요한 기술을 혼자만 잘 간직하고 있다고 해도 기술은 몇 년 지나면 비효율적이고 도태된 구시대의 기술이 된다. 도태된 기술을 애지중지 해봤자 모두가 효율적인 새로운 기술을 아는 상태라면 아무런 소용이 없다.

둘째, 프로그래밍을 하다 보면 유지보수를 해야 할 일이 반드시 생긴다. 혼자서만 숨겨둔 기술로 만든 프로그램은 단 한 사람밖에 수정을 못 한다. 해결할 수 있는 사람에게만 일을 주기 때문에 원래 하고 있던 일에 추가로 해야 할 업무가 가중된다. 자기밖에 알 수 없게 프로그램을 만들어 놓고 회사에서 일을 너무 많이 시킨다고 불평불만을 하게 된다. 그러다가 일에 지쳐서 회사를 그만두게 되는 경우도 있는데 이는 자기가 자기 무덤을 판 것으로 누구를 탓할 수도 없다.

셋째, 일반적으로 핵심기술을 숨기려 하는 사람은 프로그래머다. 리더 입장에서는 한 사람이 중요한 기술을 가지고 중심이 되어 시스템이 굴러가면 불안하다. 그 한 사람에게 무슨 문제가 생길지 모르기 때문이다. 그래서 리더는 중요 기술을 인수인계하거나 대체를 해서 백업을 시키려고 한다. 프로그램에 문제가 발생하고 제때 처리하지 못하면 납기를 지키지 못하게 되고 전체적인 프로젝트에 영향을 끼치기 때문이다. 그러니 프로그래머가 자꾸 혼자서 숨기고 처리하면 리더 입장에서 불만이 생긴다.

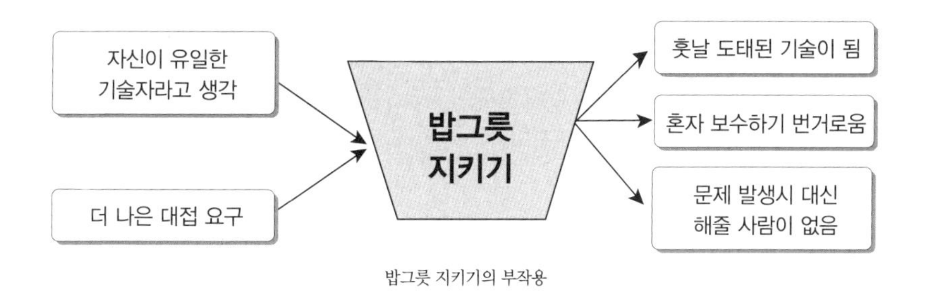

밥그릇 지키기의 부작용

제 밥그릇만 챙기는 사람은 비단 리더뿐 아니라 주변 동료의 눈에도 좋지 않게 보인다. 그러니 인사고과에서 좋은 평가를 받을 리 만무하고 이로써 생기는 부작용은 오로지 자기 자신이 책임을 져야 한다.

따라서, 중요한 기술이라 생각되는 것일수록 부사수에게 넘기고 자신은 새로운 기술을 익히는 방향으로 전략을 세우는 것이 좋다. 중요한 기술은 다른 프로그래머에게도 중요한 기술이다. 중요한 기술을 부사수에게 알려주면 부사수는 중요한 기술을 받게 되었다고 생각하고 책임감을 가지게 된다. 자신에게 중요한 기술을 넘겨준 사수를 고맙게 생각하고, 업무가 들어 왔을 때 부사수가 핵심을 수정해서 평가를 받게 된다. 주니어 프로그래머에게도 이러한 방법으로 교육이나 업무를 시키면 긍정적인 효과를 팀 전체로 확대할 수 있다. 일정 부분을 부사수가 백업해 줄 수 있으니 본인이 바쁠 때 대신 처리해 줄 수 있어서 훨씬 좋다. 중요한 기술을 가지고 혼자만 핵심인력이라고 생각하는 것보다 밑에 조직인력을 핵심인력으로 만드는 것이 좋다. 핵심인력이 능력을 발휘하는 동안 자신은 새로운 일을 할 수 있는 여유가 생긴다.

자신의 핵심기술이라 생각하는 것을 다 주고 나면 자신에게 무엇이 새로운 경쟁력이 될까 고민을 하게 된다. 중요한 기술을 전달해준 만큼 다른 프로그래머가 치고 올라오는 것은 당연한 일이다. 그러면 뒤처지기 전에 자신도 새로운 기술을 빨리 익혀 버티고 경쟁하면 된다. 자신이 남들에게 기술을 알려줄 수 있다는 사실 자체가 이미 어느 정도 앞서고 있다는 것이다. 그러니 자부심을 가지고 자꾸 새로운 기술을 찾아 익혀야 한다.

30 R&D에 투자하자

"훈련하는 데는 돈이 든다. 그러나 훈련을 하지 않으면 돈을 벌 수 없다."

– 부차한, 중국의 기업가

투자 대비 가장 높은 이익을 거두는 분야는 무엇일까? 이 질문에 확실한 답이 있다면 많은 사람이 귀를 기울일 것이다. 기본적으로 성공적인 투자란 비용보다 투자 후 얻은 수익률이 더 높게 나타나는 것이다. 유망한 곳에 투자해서 이익을 얻는 것도 좋겠지만, 필자의 경험에서 찾은 최고의 투자처는 바로 나 자신이었다. 나에 대한 투자란 특별한 것이 아니라 내 실력 향상을 위한 투자를 의미하는 것이다. 자기 자신을 위한 투자야말로 손해를 볼 위험은 없고 투자한 비용에 비례해서 만족할 만큼의 성과가 나오는 최고의 투자처다.

자기 투자를 설명하기 위해 기업에서 하는 R&D의 예를 들어보려 한다. R&D라는 단어는 'Research and Development'의 약자로 간단히 말해, 모든 분야에 대한 지식을 늘리고 그것을 새롭게 개발하는 것이다.

R&D 투자율이 높은 기업이 계속 성장한다는 기사를 자주 볼 수 있는데, 분야 내 점유율이 높은 기업은 R&D 투자 비율도 높게 나타났다. 이 사실은 단순한 우연한 일치가 아니다. 우리나라를 대표하는 대기업도 마찬가지로 R&D 투자 비율이 아주 높게 나타났는데, 경제 신문기사를 보면 1등 기업이 2등 기업의 추격을 따돌리기 위해서 R&D 투자에 열을 올린다고 한다. 이를 보면 많은 기업이 R&D의 중요성에 대해 자각하고 있다는 것을 알 수 있다.

2010년도 글로벌 기업에 우리나라 기업으로 삼성이 7위, LG가 49위에 이름을 올렸다. 삼성과 LG는 우리나라를 대표하는 최고의 두 기업이다. 두 기업은 기술도 막상막하로 경쟁하고 있다. 그럼에도 글로벌 기업 순위에서 두 기업의 차이가 난 이유는 무엇 때문일까?

바로 R&D 투자의 차이다. 삼성은 R&D에 6,181만 유로를 투자했고 LG는 2,091만 유로를 투자했다. R&D투자가 글로벌 기업 순위와 비례하는 것이다. 더 확실하게 알 수 있는 것은 전체적인 글로벌 기업 순위다. 삼성과 LG 이외의 다른 글로벌 기업의 순위도 R&D투자 비용에 비례해서 나타났다.

이러한 결과를 보면 기업의 R&D는 기업의 미래를 위해서라면 당연히 필요한 투자다. 기업이 연구와 기술 개발을 해야 좋은 제품이 나오고 그래야 고객이 많이 찾게 된다. 다들 미래를 위해 기업이 R&D에 투자해야 하는 부분에 대해서는 공감한다.

하지만 개인에게도 R&D의 개념을 가지고 투자해야 하는 것에 대해서는 잘 인식하지 못한다. 자기 계발을 해야 한다는 생각은 하지만 얼마나 투자해야 하는지에 대한 생각은 미흡한 것이다.

이러한 R&D의 원리가 적용되는 것은 우리 개인에게도 마찬가지다. 우리 자신도 하나의 기업이라고 생각해 보자. 고객이 기업을 찾는 것처럼 우리도 누군가 우리의 실력을 믿고 일을 맡길 수 있게끔 해야 한다. 자신이 가진 기술과 능력이 충분하다면 우리에게 일을 의뢰하러 올 것이다.

그러나 대부분 이를 잘 알면서도 자신에게 R&D 투자를 잘 하지 않는다. 다들 시간부족과 원래 하고 있던 일을 핑계로 자기 계발을 미루고 또 미룬다. 이렇게 미룰 때마다 이미 다른 경쟁자는 자신에게 투자하며 앞서 나가고 있을지도 모르는데 말이다. 자기 계발로써의 R&D 투자는 간단하게 시작할 수 있다. 먼저 월급의 10% 정도를 R&D에 투자해보는 것은 어떨까. 책이나 강의를 들으러 다니는 데 사용하면서 말이다. 자신의 일을 즐기며 공부하는 자세가 있다면 큰 부담 없이 투자할 수 있을 것이다.

당장 돈 쓸 곳이 많은데 10%는 너무 과하다 생각될 수도 있다. 정말 힘들다면 비율을 줄일 수도 있다. 다만 더 많은 비율을 투자하는 경쟁자가 있을 것이고 그들과의 경쟁에서 불리할 수 있다는 것을 명심해야 한다. 모든 일은 선순환과 악순환이 있다. 적은 비율이라도 시작해서 선순환 구조를 만든다면 눈덩이 효과로 좋은 결과를 얻을 수 있다.

자기 계발 R&D 투자에 더 좋은 효과를 보기 위해서는 자신이 맡은 업무의 지식을 쌓는 것 이외에도 개인이 자발적으로 투자해야 한다. 컴퓨터가 중심이 되는 일을 하고 있지만 결국 컴퓨터를 사용하는 것은 사람이다. 그리고 다양한 상황이 닥쳐올 것을 대비하는 준비성도 필요하다. 그동안 윈도우 환경에서만 일해왔다면 유닉스를 사용해 보는 등 자신이 평소 하던 것의 반대인 것에도 과감히 도전하는 자세가 필요하다. 사회생활을 하게 되면 언제 돌발상황이 닥칠지 모른다. 이미 이러한 돌발상황을 겪어 본 사람은 알 것이다. 예상하지 못한 상항이 생겼을 때 미리 준비된 사람에게는 기회가 올 것이고, 준비하지 못한 사람에게는 재난이 생길 것이다.

여기서 중요한 점은 자기 투자를 할 때 자비를 들여야 한다는 것이다. 자기 투자에 돈을 아끼면 큰 효과를 보기 어렵다. 앞서 말했듯이 월급의 10%를 온전히 이용하는 것이다. 필요한 책이 중고 책이라 하더라도 자비를 들이는 것이 좋다. '굳이 책을 사야 하나? 도서관에서 책을 빌려 읽으면 되지 않을까?' 생각할 수도 있겠지만 그렇지 않다. 중요한 내용은 몇 번이고 계속 봐야 할 때도 있는데 그때마다 반납하고 대여하기를 반복하면 번거로워진다. 그리고 필요한 내용만 복사하면 된다고 생각할지 몰라도, 그 책 안에 있는 내용을 총체적으로 볼 필요가 있을 때도 있다.

강의를 들을 때에도 자신에게 필요한 것이라면 비용에 연연하지 말고 마음껏 수강하기를 바란다. 아무래도 강의를 하는 사람은 여러 지식을 토대로 강의하는 것이기 때문에 그 강의를 들으면 책을 여러 권 보는 효과가 있다. 그리고 궁금한 것은 그 자리에서 질문할 수 있는 장점도 있다.

책이나 강의로 지식을 쌓았다면 그것을 주변 동료에게 소개하고 가르쳐 주면 배움의 효과는 두 배가 된다. 남을 가르치는 과정을 통해 머리로만 알고 있는 것보다 오래 기억에 남길 수 있기 때문이다.

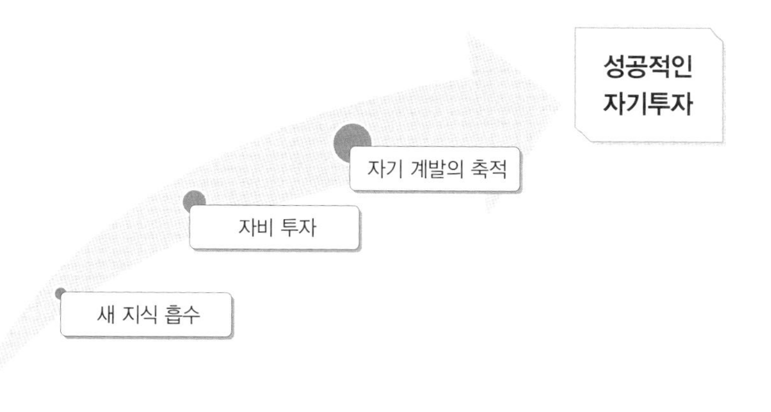

성공적인 자기 투자 과정

어떻게 보면 지식을 쌓고 자기를 계발해 가는 과정이 길고 지루하게만 느껴질 수도 있다. 당장 눈에 띄는 변화도 없으니 기운이 빠지는 것은 당연하다. 그러나 기술 연구개발의 성공은 단기간에 이루어지지 않듯이 자기 계발도 단기간에 이루어지지 않는다. 자신의 경력을 쌓고 장기적인 미래를 생각해서라도 R&D 투자를 게을리해서는 안 된다.

주변에 성공한 사람을 둘러보면 화려한 경력을 가진 사람이 꽤 보인다. 그러나 성공한 이들의 경력은 타고난 것만은 아니다. 성공한 이들은 과거부터 끊임없이 자기 계발에 몰두하여 현재의 성공을 만들어 낸 것이다. 지난 과거 동안 자신의 경력과 지식 발전에 치열한 투자를 했기 때문에 지금의 그들이 있을 수 있던 것이다. 지금 이 순간도 흘러가 금방 과거가 될 것이다. 계속 나중으로 미루게 되면 곧 다가올 5년 후, 10년 후는 보장할 수 없다. 늦지 않았으니 다들 자기 투자에 관심을 쏟길 바란다. 현재보다 조금 더 부지런하게 움직인다면 남들과는 다른 미래와 생각지도 못한 이익이 기다리고 있을 것이다.

앞에서는 개인적으로 진행하는 R&D 투자에 관해 이야기해 보았다. 이제 팀의 관점에서 R&D의 필요성과 실천이 안 되는 이유를 생각해보자.

『프로페셔널 소프트웨어 개발』을 보면 직원의 기술 교육에 대한 투자 대비 수익률이 12개월에 90%, 36개월에 550%라고 한다. 이 결과를 봐도 알 수 있듯이 R&D는 폭발적인 수익률을 낸다. 투자한 비용 대비 높고 확실한 수익률, 이 결론은 누가 보아도 성공적인 투자가 아니겠는가? 많은 기업이 노릴 만한 아주 매력적인 투자처다.

그럼, 다들 교육의 필요성은 느끼고 지식으로 알고 있지만 왜 실천이 안 되는 것일까?

리더의 위치에서 팀원을 교육하기 위해서는 위험이 따르고 이를 감내할 용기가 필요하다. 모든 팀원은 맡은 업무가 있기 때문에 교육으로 결원이 생기면 다른 사람이 그 업무를 부담하거나 리더가 책임져야 한다. 리더의 위치에서 교육과 휴가는 아마도 등가로 느껴질 것이다. 교육을 받는 시간 동안 업무가 진행되지 않는다거나 외부 교육을 받을 때 예상치 못한 일이 발생하는 것이 두려운 것이다. 본능에 따라 이를 회피하고 싶고 이것이 갖가지 행동으로 표현되는 것이다.

팀원에게 교육을 해주거나 휴가를 보내주는 방법은 같다. 먼저 리더가 용기를 가져야 한다. 부재 중의 팀원이 있을 때, 예기치 못하게 발생할 수 있는 문제에 대한 책임을 지거나 다른 팀원 또는 리더 스스로 대신하여 업무를 감내하겠다는 용기이다. 팀원이 휴가를 못 가거나 교육이 미진한 이유는 리더가 용기가 없기 때문이다.

리더가 용기를 가진다면 교육하는 방법은 여러 가지가 있고, 위험을 회피하는 방법은 만들어가면 된다. 먼저 교육을 받거나 휴가를 가는 팀원이 자신의 업무를 최대한 마무리하는 것이다. 이는 사회생활의 기본 예의라고 할 수 있다. 다음은 리더가 팀원에게 교차 업무가 가능하도록 준비시키는 것이다. 팀원은 다른 사람의 업무를 배우거나 대신하는 것에 대해 불만을 가질 수 있지만, 그 혜택이 결국에는 본인에게 돌아오는 것을 설득해야 한다. 또 리더 본인도 항상 팀원의 업무를 파악하고 있어야 한다. 대신해 줄 팀원이 없다면 리더가 나서서 진행해야 한다. 또 다른 방법은 문제에 대한 책임을 지는 것이다. 리더는 팀원보다 동원할 수 있는 자원이나 권한이 많으므로 일정을 다시 잡거나 비용으로 해결할 수도 있다.

팀원에게 교육이나 휴가를 보내주는 것이 걱정은 되겠지만 막상 닥치면 별일 없이 지나가는 경우가 더 많다. 팀원에게 교육과 휴가를 보내주는 연습을 하자. 팀원에게 교육과 휴가를 보내주면 사기도 올라가고 재충전돼서 돌아오기 때문에 기회가 있을 때마다 보내주는 것이 좋다.

31 프로그래밍의 즐거움

"배우고 때에 맞추어 익히니 기쁘지 아니한가."

學而時習之不亦說乎

– 공자

사업, 금융, 요식업, 스포츠 등 성공을 이룬 사람의 인터뷰를 보면 항상 빠지지 않는 말이 있다. '그 일에 미쳐서 열심히 하다 보니 자연스럽게 성공이 따라왔다'는 것이다. 프로그래머의 리더로서 성공을 이루기 위해서는 프로그래밍을 좋아해야 한다. 프로그래밍을 싫어하면서 프로그래머의 리더가 되기는 힘들다. 필자는 항상 프로그래머가 된 것을 천직을 얻었다고 생각한다. 이번에는 프로그래밍의 즐거움에 대해 알아보자.

고사성어에 '백문불여일견[百聞不如一見]'이라는 말이 있다. '백 번 듣는 것이 한 번 보는 것보다 못하다'는 뜻으로, 직접 경험해야 확실히 알 수 있다는 말이다. 중국에서는 '백견불여일행[百見不如一行]'이라는 말을 더 자주 사용하는데, '백 번 보는 것보다 한 번 해보는 것이 낫다'는 것이다. 프로그래머 사이에서는 '백견불여일타[百見不如一打]'라는 말을 자주 사용한다. 프로그래밍 책이나 코드를 '백 번 보는 것 보다, 직접 코드를 작성해 보고 프로그램을 제작하는 것'이 제일 좋은 방법이라는 것이다.

프로그래밍 공부의 왕도는 코딩이기 때문에 많은 프로그래밍 책의 시작은 'printf (Hello World!);'로 작성하면서 시작한다. 이 방법은 간단한 코드를 따라 하면서 프로그래밍 환경을 자연스럽게 익힐 수 있게 도와준다. 프로그래밍 환경을 익히는 것이 중요한 이유는 산업이 발전하면서 소프트웨어가 게임, 멀티미디어, 서버, 클라이언트, 무선, 임베디드, 인터넷 등 다양한 분야에 사용되기 때문이다. 소프트웨어가 사용되는 산업에 따라 하드웨어, 운영체제, 프로그램 언어와 개발 툴은 특화되고 복잡해졌다. 프로그램을 배우는 학생은 'Hello World!'와 같은 간단한 코드를 출력하기 위해, 운영체제와 개발 툴 셋팅을 먼저 진행하게 된다. 이렇게 개발을 위한 준비를 하면서 프로그래밍 환경에 익숙해지면, 컴퓨팅의 근본은 대부분 비슷하여 어떻게 프로그래밍을 할지 대략적인 감을 잡게 된다. 시작이 반이라는 말처럼 'Hello World!'의 출력에 성공하면, 정말로 절반은 성공한 것과 같다.

필자가 처음 프로그래밍을 공부하던 때에는 원서를 비전공자가 번역하여 조악한 경우가 많았고, 그마저도 도서의 수가 많지 않았다. 질이 떨어지는 경우가 많았지만 선택의 여지가 없었기 때문에 이해가 될 때까지 반복해서 보고 연습하는 수밖에 없었다.

필자는 프로그래밍을 『Teach Yourself C++ in 21 Days』이라는 책으로 시작을 했는데, 프로그래밍을 배우는 방법을 가르쳐 주는 정말 좋은 책이라고 생각한다. 책의 제목처럼 다른 누가 C++을 가르쳐 주는 것이 아니라 스스로 배우는 것이다. 이 책은 21일간 하루에 한 챕터씩 따라 코드를 작성하고 설명을 읽어보면서 프로그래밍을 깨우쳐 가는 방식으로 이루어져 있다. 당장은 이해하지 못하는 내용이 있더라도 책에 있는 모든 내용을 꼭 한 번씩은 타자라도 치고 지나가게 하는 습관을 익히게 해주었다.

요즘은 인터넷과 멀티미디어가 발달하여 프로그래밍 학습을 위한 좋은 자료와 동영상 강의가 넘쳐나고 있다. 이전처럼 공부하기 위한 자료가 부족한 것이 문제가 아니라, 오히려 정보가 너무 많아서 어떤 것을 선택할지 고민되는 경우가 더 많다.

학습 방법도 많이 발전되어 단순히 책만 읽는 것이 아니라 동영상에 선생님이 나와서 프로그램을 제작하는 방법까지 친절하게 설명해 준다. 이처럼 쉽게 프로그래밍 공부를 시작할 수 있지만, 책이든 동영상이든 어떤 자료를 이용하여 공부하더라도 가장 중요한 점은 본인이 따라서 코딩을 직접 해야 한다는 것이다. 동영상을 강의를 보면서 강사가 프로그램을 만드는 것을 보고만 있으면 남의 지식에서 머물 뿐 내 지식이 되지 못한다.

코딩 경험이 많을수록 프로그래머의 실력이 향상되는 것은 두말할 필요가 없다. 이론적으로 잘 알고 있어도 프로그램으로 만들어 내지 못하거나 개발을 두려워하는 프로그래머를 종종 볼 수 있다. 이것은 지식의 양이 문제가 아니라, 부족한 코딩의 경험 때문에 발생하는 문제라 할 수 있다.

프로그래머가 지식이 아무리 많아도 소프트웨어라는 성과물을 내놓지 못하면 큰 발전을 이루기 어렵다. 개발을 처음 시작하는 것이 두렵다면, 작은 규모의 프로그램을 많이 만들어 보고, 교재에 있는 예제를 따라 반복하여 작성해 보는 것이 좋다. 작은 모듈을 많이 제작하고, 이것을 서로 연결해 프로그램으로 완성하는 연습을 해야 한다. 이런 경험을 많이 쌓을수록 질 좋은 성과물을 만들 수 있다. 필자 역시 직접 코드를 따라치는 것보다 좋은 방법을 찾지 못해 지금도 여전히 컴퓨터 책의 코드를 따라치고 있다. 이런 학습법은 다른 학문이나 미래에 적용해도 크게 다르지 않다.

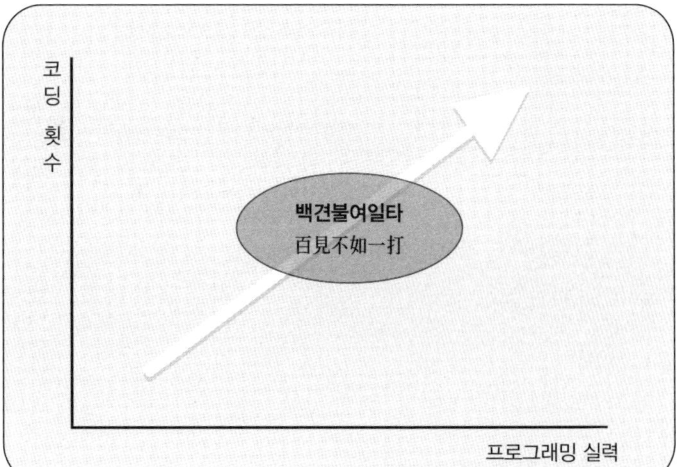

코딩 횟수와 프로그래밍 실력의 상관관계

세종대왕께서는 학문을 배우는 데 있어서 '백독백습(百讀百習)'의 방법을 사용하여 '책을 백 번 읽고, 백 번 쓰고 익혀 자기의 것으로 만든다'고 하셨다. 백독백습을 심도있게 공부하기 위한 과정이라 생각하신 것이다. 한 권의 책을 백 번 읽고, 백 번 쓴다는 것은 정말로 지루한 과정이 아닐 수 없다. 게다가 다 썼다고 해서 그 지식이 바로 자신의 것이 되는 것도 아니다. 이후에 적절한 시기와 동일한 환경에 처했을 때 배운 것을 실천하면 그때야 비로소 그동안 했던 공부가 빛을 발하는 것이다.

프로그래밍은 세종대왕님의 학습법과 유사하면서도 차이를 보인다. 프로그래밍은 읽고 필사하고 실천하는 과정이 한 번에 일어나게 된다. 책에 있는 코드를 읽고 따라 작성한 후, 컴파일하면 바로 프로그램이 생성되어 실행해 볼 수 있다. 컴퓨터가 항상 적절한 환경을 제공해 주니 언제나 배운 것을 바로 적용해 볼 수 있다. 여기에 프로그램을 배우는 매력이 있다. 배운 것을 바로 실행해 볼 수 있고, 또 실행해 보는 것을 통해 지식을 심화시키는 선순환이 일어나기 때문에 프로그래밍을 배우는 일은 정말 흥미롭다고 할 수 있다. 또 프로그래밍은 심오한 사고 과정을 통해 소프트웨어라는 성과물을 만들어 내는 창작 과정인데 무에서 유를 만들어 내는 것은 프로그래밍의 백미라 할 수 있다.

공자님의 말씀에 학이시습지 불역열호(學而時習之不亦說乎): '배우고 때에 맞추어 익히니 기쁘지 아니한가'라는 말이 있다. 이는 공자님께서 일생을 통해 추구한 학문의 즐거움을 나타낸 말이다. 여기서 배우고 때에 맞추어 익힌다는 말은 배운 지식을 머리에만 두지 않고 몸소 실천한다는 뜻이다. 프로그램을 잘하기 위해서는 프로그래밍의 즐거움을 알아야 한다. 공자님께서 학문의 즐거움을 나타낸 것처럼, 프로그래머도 프로그래밍의 즐거움을 알아야 더 높은 수준에 오를 수 있다.

필자는 프로그래머가 된 것을 정말로 감사하게 생각한다. 앞서 말한 배우고 익히고 실천할 수 있는 프로그래밍의 즐거움을 알고, 또 무에서 유를 만들어 내는 창조적인 일을 직업으로 삼고 있으니 정말 천직이라 생각한다. 요즘은 안정적인 직업을 많이 선호하는데 단순히 '안정적인 의식주'를 위해 선택하려는 것이라면 다시 한번 생각해 볼 일이다. 의식주의 안정이 이루어지고 나면 사람은 지적이고 창조적인 고차원의 즐거움을 찾기 마련이다. 자리에 앉아서 매일 단순하고 반복적인 일을 평생 직업으로 삼고 살면 너무 지루하다고 느끼며 권태로운 일상을 보내지 않을까 싶다.

프로그래머가 천직이라고 생각했던 이유는 적성에 딱 맞았기 때문이다. 적성에 맞는 직업을 가지고 일을 한다는 것은 정말 행복한 일이다. 보통 사람들은 평생의 절반 가까운 세월을 회사에서 일하면서 지내게 되는데, 적성에 맞지 않는 일을 하는 사람처럼 불행한 사람도 없을 것이다.

처음부터 자신의 적성을 쉽게 찾기는 힘들다. 필자가 프로그래밍이 적성에 맞는다는 것을 알았던 것이 대학교 3학년 1학기 때였던 것 같다. 성적순에 맞춰 입학한 전공에서 배움의 즐거움을 느끼지 못하고, 공부한 효과를 전혀 볼 수 없었다. 그렇게 방황하던 중 수치해석 시간에 프로그래밍의 즐거움을 알게 되었고, 그 이후 다른 학우들보다 더 빨리 이해하고 기뻐하는 자신을 발견하게 되었다. 그 당시 군대를 제대하고 26살이었는데 '이렇게 늦게 프로그래머를 시작해도 괜찮을까?' 하는 생각에 고민을 정말 많이 했었다. 그동안 공부했던 지식은 모두 무의미한 것이 되고, 아무것도 없는 상태에서 새로 시작해야 하므로 두려움도 많았다. 하지만 지금 생각해 보면 그때 적성을 찾은 것도 정말 빠른 시기라고 생각되고 프로그래머가 되기로 결정한 것도 현명한 선택이었다. 시작은 조금 늦었지만, 적성에 맞는 일을 했기 때문에 다른 사람보다 쉽게 배우고 즐겁게 일할 수 있었다.

요즘 입사하는 신입사원을 보면 본인의 적성을 모르고 프로그래머를 시작한 경우가 많다. 적성에 맞지 않는데 밤낮없이 일하려니 마음에 들지 않고 회사의 좋지 않은 처우만을 한탄하면서 지낸다. 미처 업무를 제대로 익히기도 전에 좀 더 나은 조건의 회사를 찾아 떠난다. 필자도 여러 번의 이직을 해봤지만 약간의 정도의 차이가 있을 뿐 사회 초년생에게 주어지는 회사의 업무 강도와 처우는 다 비슷비슷 했다.

프로그래머를 시작하는 시기에 현재 다니는 회사의 생활이 힘들고 처우에 불만이 많다면 회사의 문제가 아니라 본인 적성이 프로그래머가 맞는지를 고민해봐야 한다. 본인에게 맞는 적성을 찾지 못한다면 정말 불행한 인생이 될 것이다. 그러니 새로운 적성을 찾거나 프로그래밍에서 즐거움을 찾을 수 있도록 노력해야 한다. 그렇다고 급하게 적성을 찾을 필요는 없다. 진정 자신이 원하는 것이 무엇인지는 시간이 흘러야 자연스럽게 알 수 있기 때문이다.

자신이 프로그램 개발에 기쁨을 느끼고 적성에 잘 맞는다면 소프트웨어 개발 업계의 업무강도가 높다거나 회사의 처우가 좋지 않다는 고민은 접어두는 것이 좋다. 업계 전반에 흐르는 잘못된 관행을 개인의 힘으로 바꾸기는 힘들다. 직업을 변경하여 다른 일을 한다면 좀 더 나은 근무환경을 얻을 수 있을지 모르겠지만 적성에 맞지 않는 일을 계속하면 행복할 수 없을 것이다. 이런 고민을 계속하며 시간을 보내는 것보다 개발의 즐거움에 더 집중하는 것이 좋다. 프로그래밍을 하며 시간을 보내다 보면 전에 했던 고민이 다 부질없게 느껴지고 시간이 흐르면서 자연스럽게 해결되는 것을 볼 수 있을 것이다. 경력을 쌓고 보다 넓은 시야를 가지게 되면 좋은 조건을 제시하는 회사를 만나게 될 것이다.

32 취미 프로그래밍

"인생의 가장 가치 있는 보상,
즉 사람이 누릴 수 있는 최고의 행운은 좋아하는 취미를 가지는 것이며
그 안에서 일과 행복을 발견하는 것이다."

– 랠프 월도 에머슨, 미국의 철학가

어떻게 프로그래밍을 즐거운 마음으로 할 수 있을까? 이 질문을 다른 프로그래머에게 물어본 결과 대부분이 '프로그래밍을 일로 쫓기면서 하는 것이 아니라 취미로 삼아서 하게 된다면 가장 즐겁게 개발할 수 있을 것 같다'고 대답했다.

프로그래밍을 취미처럼 하면 간단한 프로그램을 만들어서 필요한 많은 사람에게 전해 주며 기쁨을 느낄 수도 있다. 프로그래밍을 하면서 무에서 유를 창조하는 보람을 느끼기도 하고, 어려운 알고리즘을 풀어내면서 그것을 해냈을 때의 성취감을 느끼는 것이다. 또 자기가 해낸 것을 다른 사람에게 보여 주면서 자부심과 재미를 느끼게 된다. 창의적인 아이디어를 현실화하여 사업으로 발전시킬 수도 있다.

프로그래머 중에는 가장 첨단에 서 있는 것에 자부심을 느끼는 프로그래머가 많이 있다. 혹은 SF영화나 해커의 모습을 상상하면서 시대에 앞선 사람이 된듯한 기분을 느끼기도 할 것이다. 프로그래머라면 누구나 한 번쯤은 이렇게 상상하고 즐길 수 있다. 하지만 상상에 그치지 않고 자신도 실제로 이렇게 되어야 한다고 집착하는 프로그래머가 있다. 특히 프로그래머로 처음 일을 시작하는 신입사원 중에 하고 싶은 분야에 미련을 많이 가지는 경우가 많다. 자신이 상상했던 프로그래밍만 생각하고 시작했다가 갖가지 유지보수와 UI에 관련된 프로그래밍을 하면서 자신이 바라던 것과 거리가 멀어 실망하는 경우가 적지 않다.

또, 게임이나 가상현실 분야에 더 흥미를 느끼는 프로그래머가 많이 있다. 그래서 게임, 가상현실, 인공지능 같은 분야에 많은 프로그래머가 지원한다. 하지만 대부분 회사에서는 그런 신사업 개발보다 수익창출의 업무에 집중한다. 프로그래머의 흥미와는 다소 먼, 어쩌면 고리타분한 일을 더 많이 준다. 영화에 나올 법하거나 게임이나 가상현실 같은 흥미로운 프로그래밍을 꿈꾸던 프로그래머는 따분하고 반복적인 업무를 계속 주면 크게 실망하고 잘 적응하지 못한다.

하고 싶은 것을 바라는 것은 문제가 아니다. 다만 그들이 하고 싶은 것은 지원자가 많으며, 수요가 적다. 또 사업적으로 성숙하지 못하여 수익이 잘 안 난다는 것이 문제다. 가상현실을 누비는 상상은 아직 현실화되지 못했다. 만약 의욕이 앞서 도전한다고 해도 큰 수익이 없어서 곤란을 겪을 가능성이 많다. 무턱대고 관심분야로 넘어갔다가 원래 받던 월급보다 적어지면 마음에 갈등이 생긴다. 관심분야를 주 업무로 삼게 되어 재미있긴 하지만 올바른 선택을 한 것일까 고민을 하게 되는 것이다.

관심 있던 분야와 회사업무를 일치시키려고 억지로 이직하면 문제가 생길 여지가 많다. 사람의 마음은 변덕스러워서 5년 정도 지나면 기술이 바뀌기도 하고 관심분야에 대한 흥미도 떨어질 수 있다. 좋아하던 일을 직업으로 삼으면 금세 질리기도 하고 또 다른 곳에 관심이 갈 수도 있다. 또한, 시대의 흐름에 따라 흥미를 느꼈던 분야가 밀려나고 새로운 분야가 떠오를 수도 있는 노릇이다. 그때마다 다시 새로운 분야로 회사를 옮겨서 처음부터 시작할 수는 없는 일이다. 게다가 관심분야의 시장이 아직 열리지도 않았는데 모든 것을 올인 하겠다고 하면 시장이 열리기까지 너무 힘들 수도 있다. 최악의 상황이 온다면 관심분야의 시장이 아예 열리지 않을 수도 있다.

당연한 이야기이겠지만 가장 행복한 삶은 회사에서 하는 일과 내가 하고 싶은 일이 일치되는 것이다. 하지만 대부분의 경우에는 흥미를 느끼는 분야가 일과 맞지 않는 경우가 많고 희망하는 분야의 시장규모는 크지 않은 경우가 많다. 시장이 확대되지 않았다는 것은 원하는 만큼 돈을 벌기 힘들다는 것이다. '돈 때문에 어쩔 수 없이 관심분야를 포기해야 하나?'하는 생각이 들 수도 있다. 하지만 관심분야를 '제대로 하기 위해서'라고 생각하면 생각이 달라질 것이다. 관심분야를 당장 할 수 없다고 해서 하고 싶은 욕구를 억제할 필요는 없다. 관심분야를 조금씩 공부하면서 준비를 하는 것이 좋다. 필자는 담당한 분야의 업무와 별도로 병렬처리 분야에 많은 흥미를 많이 느끼고 있다. 일과 분리하여 관심분야를 취미처럼 따로 공부한다. 일하면서 병렬처리에 관한 정보를 모으고 책도 쓰면서 관심분야에 대한 지속적인 관심을 이어나가고 있다.

주 업무 분야와 관심분야를 틈틈이 공부해서 관심분야가 새로운 시장으로 열리고 있다면 그때 넘어가자. 시장이 열렸을 때 흥미를 느끼고 공부했던 것이 큰 가치를 가지게 될 수도 있다. 예를 들어, 스마트폰 시대가 열렸을 때 스마트폰에 특화된 프로그래머가 적어 가치가 올라갔었다. 미리 관심분야에 공부하고 준비된 사람에게 기회가 찾아온 것이다. 이처럼 관심분야를 포기하지 말고 미리 준비한다면 그 가치가 빛을 볼 날이 찾아올 것이다.

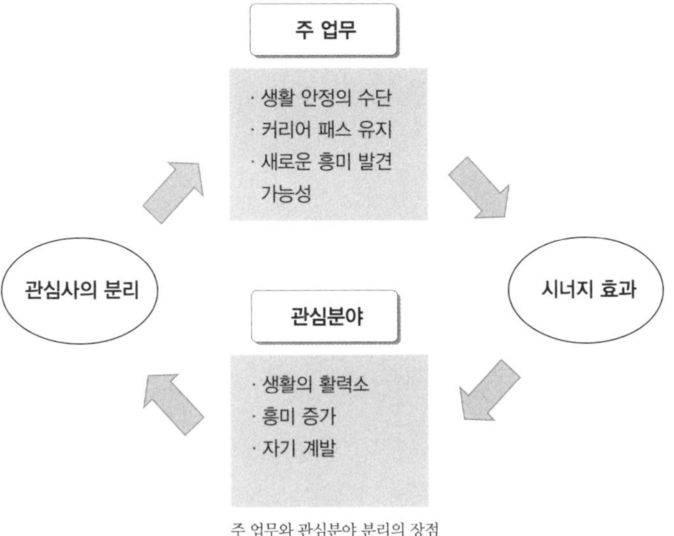

주 업무와 관심분야 분리의 장점

일명 '이태백'이라고 불리는 취업준비생이 한 음악인에게 카운셀링을 의뢰했다. 그 음악인은 개인 홈페이지에서 인생상담을 해주기로 유명한 사람이었다. 취업준비생이 의뢰한 내용은 대략 이렇다. '지금 이력서를 넣고 있는 분야를 하게 되면 자신이 하고 싶은 영화는 하지 못하게 될 것 같다'고 말이다. 그 음악인은 이렇게 촌철살인으로 답변했다. '우선 지금 당장은 직장에 대한 눈을 낮춰 취직하라고 했다. 그다음에 만족스럽진 않겠지만 월급을 모으고, 그 월급의 일부를 모아 카메라 장비를 사고, 시나리오도 틈틈이 쓰고 비디오 영화라도 찍으라고 했다. 이렇게 20년의 계획으로 하다 보면 진짜 영화감독 못지 않게 지식이 쌓일 것이라고 말했다. 하고 싶은 것을 하지 못할 거면서 말로만 투정부린다면 자기 인생의 변명할 구실을 만드는 것'이라고 말이다. 이처럼 다급하게 뛰어들지 말고 스펀지에 물이 스며들 듯 조금씩 경험과 노하우를 쌓아야 한다. 이러한 방식으로 나가면 조금 늦을지라도 큰 위기 상황 없이 관심분야를 할 수 있다.

당장 하고 있는 주 업무는 당연히 전문화가 될 것이다. 신입사원이 자기가 하고 싶은 분야가 아니면 안 된다고 못 박고 시작하는 일은 없었으면 좋겠다. 그렇게 말했던 신입사원이 원하는 것을 얻는 경우는 별로 없었다. 삶을 살면서 좋아하는 일을 하는 것은 중요한 일이다. 그러나 아무런 준비 없이 달려나간다는 것은 큰 위험요소가 될 수 있다. 일단 지금 주어진 일에서 경험과 노하우를 쌓고 관심분야를 찾아가도 늦지 않다. 주 업무와 관심분야 두 가지 지식을 합쳐 큰 시너지 효과를 내길 바란다.

33 공부하는 법을 먼저 배우자

"어떤 것을 완전히 알려거든 그것을 다른 이에게 가르쳐라."

– 트라이언 에드워즈

프로그래머의 리더는 팀원에게 자신의 전문성을 입증해야 원활한 지지를 얻을 수 있다. 그래서 항상 자신의 분야를 심도 있게 연구할 과제를 받게 된다. 어차피 해야 할 공부라면 더 효율적으로 하는 방법을 찾아야 한다.

인터넷에 떠도는 책 제목 유머로 10대부터 40대까지 『공부하라!』, 『다시 공부를 시작하라!』 이렇게 공부를 권유하다가 마지막에 『공부하다 죽어라』라고 마무리되는 표지 이미지를 본 적이 있을 것이다. 10대에 정말 싫었던 공부지만 점차 나이 들면서 중요하다는 것을 깨닫게 된다. 10대 학창시절에는 공부하라고만 했지 공부의 중요성을 제대로 가르쳐 주지 않아 반강제적으로 했기에 거부감이 많았다. 직장인이 되어서는 공부의 중요성을 스스로 깨닫지만 공부하는 방법에 대한 지식은 학창시절 때와 별반 다르지 않다. 요즘 학생들은 공부 방법에 대한 코칭도 받는다지만 직장인은 코칭을 받을 만한 마땅한 방법이 없다. 그러니 스스로 공부하는 방법을 터득해야 한다.

부모님께서는 항상 '공부할 때가 제일 좋은 때이다.'라는 말씀을 많이 하셨다. 또, 당시에는 『공부가 가장 쉬웠어요』라는 책까지 출간되어 사회에 이슈를 이끌고 있었다. 하지만 필자는 그런 말씀에 공감할 수 없었다. 학창시절 적성에 맞지 않는 과목을 공부할 때는 너무나 힘들었다. 책상에 앉아있을 때 온몸이 배배 꼬이고, 엉덩이가 납작해지는 기분이었다. 대학교 졸업 이후에 프로그래머로 취직했을 때 소프트웨어를 개발하는 것이 공부보다 훨씬 즐거웠다.

한국인이 피곤한 이유, 공부에 미쳐라

사무실에서 모니터를 보며 키보드를 두드리니 육체적으로 힘든 점은 없었고 적성에도 맞으니 소프트웨어 개발은 마술과도 같았다. 키보드만 한 달 동안 두드리면 월급이 나오는 마술이었다. 한 번도 스스로 돈을 벌어본 적이 없었는데 내가 가진 기술로 돈을 번다는 것이 매우 기뻤다. 공부할 때가 제일 좋을 때라는 부모님 말씀은 어른들이 아이들에게 하는 거짓말이라 생각되었다.

하지만 사회생활을 계속할수록 학창시절에 채우지 못한 지식의 한계를 느낄 때가 잦아지고, 아쉬움이 커졌다. 이를 채우기 위해 이런저런 공부를 하면서 그동안 재미없고 지루하게 느껴지던 공부가 적성이나 흥미의 문제가 아니라 방법의 문제라는 것을 알게 되었다.

재미없고 지루하다고 느끼던 과목도 공부하는 방법을 알고 시작하면 그 속에서 새로운 배움과 기쁨이 있다는 것을 알게 되었다. 30 중반이 넘어서야 그 방법을 알게 되니 그간 보내온 시간이 너무나 아까웠다. 이제는 모든 지식과 배움을 시작하게 앞서 방법부터 배우고 과목에 대한 특성을 배우면서 시작한다.

사실 필자가 공부하는 방법을 배운 것이 새로운 비법이 아니라 이미 많이 알려진 방법이다. 다만 알게 된 시기가 늦었고, 알고 있더라도 그 실천을 하지 않아 그 효용성을 몰랐던 것이다. 독자 중에 이미 알고 있을 수도 있지만 경험한 방법들로 이야기하려 한다.

비전공자였던 필자는 대학교 3학년부터 소프트웨어 개발자가 되기로 하고 프로그래밍을 공부했다. 학교에 있는 시간에는 전산실습실에 가서 혼자서 프로그래밍 책을 보며 계속 실습하고, 오후에는 프로그래밍 학원에 다니며 공부를 했다. 실력을 좀 더 높이고 싶어서 세운 전략은 4학년 1학기까지 모든 졸업학점을 이수하고 2학기 때는 온라인 1학점만 신청해서 졸업할 수 있도록 한 것이다. 남은 4학년 2학기 때는 비트교육센터로 들어가서 전문가 과정을 들었다.

이때 그룹 스터디 방식으로 공부하는 방법을 알게 되었다. 가운데 테이블에 커다란 화이트 보드를 눕혀놓고 6명으로 이루어진 그룹이 함께 공부하는 방식이었다. 그룹 스터디 방식은 여러 사람과의 약속으로 이루어져 있기 때문에 일정을 어길 수 없었고, 각자 맡은 부분을 다른 사람에게 가르쳐 주는 것이 핵심이었다. 그동안의 공부는 혼자서만 책을 들고 이해하고 외우는 방식이었는데 스터디 그룹 방식은 내가 아는 내용을 다른 사람에게 가르치는 방식이었다.

다른 사람이 가르쳐 줄 때보다 내가 가르쳐 줄 때 더 큰 효과가 있었고, 머릿속이 정리되는 느낌이었다. 이를 깨닫고 스터디를 할 때 인원에 따른 배분이 잘 안 되거나 다른 사람의 준비가 소홀할 때는 내가 지원해서 진행을 하곤 했다. 스터디의 방식이 중요한 게 아니라 남을 가르쳐 주려고 준비하고 강의하는 것이 가장 좋은 학습방법이라는 알게 된 것이다.

하지만 다른 사람에게 가르쳐 줄 수 있는 기회가 항상 있는 것은 아니다. 스스로 공부하는 것은 언제나 책을 펴고 할 수 있지만 남을 가르쳐 주고자 한다면 강의하는 사람의 자질을 입증해야 하고 배우고자 하는 사람과 시간과 장소가 맞아야 하는 것이다. 또 수업하기 전에 자료를 준비하고 완벽하게 이해해야 배우는 사람이 질문할 때 답을 해줄 수 있다.

이렇게 다른 사람을 가르쳐주면서 내가 공부하는 기회가 흔하지 않기 때문에 점점 이런 기회를 찾아다니기 시작했다. 입사하고 사회생활을 시작했을 때도 다른 직원에게 그룹 스터디를 제안하며 기회를 만들었다. 그룹 스터디에서 발표를 부담스러워 하는 동료에게는 내가 담당할 테니 참여만 해달라고 호소하였다.

스터디와 함께 회사생활에서 추가로 다른 사람을 가르쳐줄 기회가 있다. 직장인에게 가장 즐거운 순간은 경력이 쌓이고, 부사수를 맞이할 때일 것이다. 함께 업무에 대한 부담을 나눌 수 있기 때문에 큰 기쁨이지만, 아무런 경험이 없는 사람을 교육하는 어려움도 뒤따른다. 하지만 필자는 이런 교육의 부담을 공부의 기회와 함께 필자의 교육 능력을 평가하고 테스트하는 기회로 삼았다.

부사수 교육과 함께 새로운 기술이나 신규 분야의 교육이 필요할 때면 지원해서 강의를 맡거나 새로운 교육코스를 만들었다. 이렇게 기회를 만들어 나가니 회사에서 필자에 대한 인식도 좋아졌다. 사실 회사에서 교육을 진행하는 것은 큰 부담으로 작용하고, 회사상황에 맞는 맞춤교육을 찾기도 쉽지 않다. 직원들의 복지 요청 중 빠지지 않는 것이 교육이다. 수요는 많은데 공급은 적은 시장이다. 계속해서 교육을 진행하면 과정을 만드는 능력이나 프레젠테이션 기술도 향상할 수 있고, 그 내용에 대해 공부도 할 수 있다.

두 번째 공부방법은 서브 노트 작성과 반복 학습법이다. 이것은 필자가 정보처리 기술사에 도전하면서 배우게 된 공부방법이다. 결과적으로 자격증은 취득하지 못했지만 공부하는 방법을 배울 수 있었다. 학습하고자 하는 주제에서 중요한 내용을 정리해서 서브 노트를 만들고, 반복해서 읽고 밑줄을 그으면서 자연스럽게 내재화하는 방법이다. 서브 노트를 7번 이상 반복해서 보고 나면 이후에는 한 과목에 대해 한 시간에 다 볼 수 있는 초능력이 생기는 것 같았다.

학창시절 '국사, 세계사' 같은 암기 과목을 못했기 때문에 암기력이 부족한 머리인 줄 알았다. 하지만 공부하는 방법을 찾고부터 암기력에는 문제가 없는 머리라는 것을 알게 되었다. 하나의 주제를 7번 반복해서 보니 자연스럽게 내용을 외울 수 있었다. 그동안 암기력이 부족했다고 생각했었지만 암기력이 부족했던 것이 아니고 7번 반복해서 봐야 한다는 공부법을 몰랐던 것이다.

이런 공부법을 알기 전에 필자는 암기력이 부족하고, 그런 과목에 약하다고 생각했다. 하지만 단지 학습량이 부족하고, 상호간의 이해가 없었던 것이었다. 이해되지 않는 내용을 암기하는 것은 너무나 힘든 일이다. 하나의 주제에 대해 정리하고 반복해서 보면 몰랐던 내용이 자연스럽게 이해된다. 고등학교 시절에 이런 방법을 함께 사용하며 공부했다면 좀 더 좋은 대학교에 진학할 수 있지 않았을까? 하는 생각을 한다.

장기기억을 위한 학습방법

학습한 내용을 오래 기억하기 위해서는 반복적인 학습이 필요한데,
에빙하우스는 그 주기를 학습 후 각각 1일, 7일, 30일, 3개월로 구분했습니다.

즉, 학습한 내용을 다음 날 약 10분, 일주일 후 약 5분, 한달 후 약 2~4분간 반복 학습하면
6개월 이상 기억할 수 있는 장기기억으로 이전할 수 있다는 것입니다.

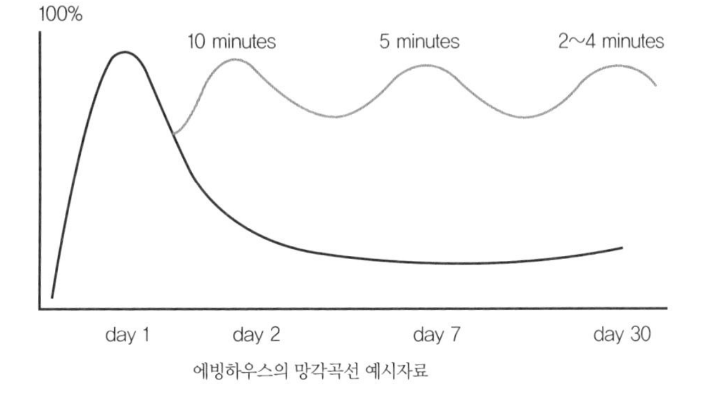

에빙하우스의 망각곡선 예시자료

세 번째는 책을 쓰면서 공부하는 방법이다. 이 내용은 바로 이어지는 '글 쓰는 프로그래머'라는 꼭지에서 자세히 다룬다. 전문가로서 많은 내용을 알고 있기 때문에 기술서를 집필하는 것이 아니라, 흥미를 느끼고 배우고 싶은 분야에 도서를 출간하는 것이다. 도서를 집필하면서 공부를 하고, 전문가가 되는 것이다.

앞서 언급한 공부법을 통해 프로그래머로서 어떻게 공부를 시작하고 활용할 것인지 생각해 보자.

끊임없이 나오는 새로운 기술을 익혀야 하는 프로그래머에게 공부는 아주 중요하다. 프로그래머에게 공부란 자기의 가치를 높이고 몸값을 올리는 것이기 때문이다. 공부를 소홀히 한다면 새로운 기술에 뒤처지고 다른 프로

그래머에게 밀리기에 십상이다. 공부하기로 마음먹고 책상 앞에 앉는다고 해도 처음엔 쉽지 않다. 제대로 된 공부법을 알지 못하니 공부에 효율이 떨어지고, 이렇다 할 성과를 내지 못해 기운이 빠질 것이다. 하지만 시행착오 끝에 자신에게 맞는 공부법을 찾는다면 공부가 즐거워진다.

공부를 시작할 때 만나는 난관이 있다. 어디서부터 공부를 해야 하는지 시작점을 찾기 힘들다는 것이다. 기본기가 부족한 것 같은데 기본기부터 공부하자니 시간이 부족하고, 심화 내용을 하자니 부담스럽고 이럴 때 어떻게 하는 것이 좋은지 필자의 경험을 예로 들어 보도록 하겠다.

필자가 주로 담당하는 업무는 병렬처리, 분산 컴퓨팅 분야다. 그 분야에 대해 잘 모르던 시절에는 그 개념을 이해하기 상당히 어려웠다. 또 새로 나오는 기술도 많아서 매번 따라가기 힘들었다. 알아야 할 것은 많고 마음은 급한데 어디서부터 시작해야 할지 까마득했다. 그래서 가장 급한 것부터 하자는 생각에 먼저 담당하고 있는 SIMD 분야에 대해서 공부했다. SIMD 분야의 원리를 이해하고 나니 OpenMP, CUDA, Cilk 등 새로 나오는 기술들을 자연스럽게 익히게 되었다. 나중에 학회에서 다른 전문가와 이야기를 나누면서 알게 된 것인데 그분은 나와 반대의 순서로 이해했다. CUDA를 이해하고 나니 MPI, OpenMP, SIMD가 따라왔다는 것이었다. 다른 사람과 공부 방법은 다르지만 나만의 방법으로 공부해서 프로그래밍의 흐름을 이해할 수 있었다.

이렇게 기본기가 부족하다고 해도 당장 일을 해야 할 때는 담당 분야부터 공부하는 것이 좋다. 제일 기본부터 찾아가 일하기 시작하면 생산성이 떨어지게 된다. 필요한 부분부터 공부하다가 정말 기본기가 필요하다면 그때마다 공부해도 늦지 않는다. 정석으로 하는 공부 방법과 다르다고 해도 결과가 같다면 크게 문제가 되지 않는다.

자신에게 맞는 공부법을 찾은 후에는 공부할 대상을 찾아야 한다. 하나의 주제를 잡고 깊게 파야 한다. 이후 넓은 분야를 학습하는 T형 방식을 따르는 것이 좋다. 반대로 이 분야, 저 분야를 넘나들며 학습하는 방법은 피해야 한다. 어떤 분야를 연구하더라도 깊이 없이 하는 겉핥기 공부는 바람직하지 않다. 겉핥기 공부는 제대로 된 공부는 되지 않고 시간낭비만 초래한다.

프로그래머 중에 기술적인 욕심이 많아 유행하는 기술이나 자신이 아직 모르는 분야의 기술서를 계속해서 사들이는 사람이 많다. 공부하기 위해서라기보다 '책을 사두면 언젠가 보겠지' 하는 마음이 앞서는 것이다. 필자는 이들에게 '프로그래밍 기술서 수집가'라는 이름을 붙여주고 싶다. 보지도 않는 책을 쌓아두면 볼 때마다 스트레스를 받게 된다. '이것도, 저것도 해야 하는데, 다하지 못했는데'… 이러한 생각이 머리를 지배하기 때문이다. 그러니 어떤 분야든지 하나의 책을 여러 번 반복해서 보는 것을 추천한다. 하나의 책을 완벽히 이해하면 다른 분야의 책도 자연스레 이해된다.

혼자서 공부하는 것에 자신이 없다면 앞서 말한 그룹 스터디를 만들어서 공부하는 방법도 있다. 서로 시간관리를 해줄 수도 있고, 자신이 공부한 것을 나누거나 질문을 할 수도 있다. 이때는 되도록 서로에게 도움을 줄 수 있는 수준의 사람끼리 모여 스터디를 이루는 것을 추천한다. 자신이 A 분야가 부족한데 B를 잘하고, 다른 사람은 A를 잘하는데 B가 부족하다면 서로에게 부족한 것을 가르쳐 주고 배울 수 있어 좋은 효과를 낼 수 있다.

어른들 하시는 말씀이 '공부는 평소에 하는 것'이라고 했다. 정말 그 말이 맞다. 발등에 불이 떨어져서 하는 공부는 단기간에 효율을 낼 수 있겠지만 심리적, 육체적 스트레스가 심하므로 되도록 그런 일이 발생하지 않게 하는 것이 좋다. 프로그래밍할 때마다 기본적인 함수를 찾고 책을 뒤척이는 사람보다 알고 있는 내용을 자연스럽게 적는 사람이 생산성도 높고 실력도 좋아 보인다. 또 찾아보더라도 어느 부분을 찾아야 이 내용이 나온다는 정도는 기억하고 있어야 한다.

시중에 나와 있는 책이나 자기 관리 강의를 들으며 공부법을 습득할 수 있다. 처음에는 자신에게 가장 좋은 방법이 뭔지 모른다. 그러니 한 가지만 보지 말고 다양한 공부법을 보고 실천해 보며 가장 좋은 자기만의 공부법을 찾아내길 바란다.

34 글 쓰는 프로그래머

"지도자는 문장으로 평가받는다."

– 워렌 베니스

프로그래머는 항상 코드 위주의 생각을 하기 때문에 복잡한 연산을 어떻게 구현할 것인가에 대해 집중한다. 프로그램을 각 모듈로 나누고, 어떻게 연결할지에 대한 구성에 많은 집중을 한다. 반면 글쓰기는 말하고자 하는 핵심을 정의하고 꾸미는 말로 쉽게 풀어쓸지 고민해야 한다. 똑같이 키보드를 두드리지만 논리의 흐름이 다르고, 숙련을 위한 연습시간이 짧아서 프로그래머의 문장력은 대체로 부족한 경우가 많다. 그래서인지 프로그래머가 업무의 많은 시간을 컴퓨터 앞에서 보내지만 문서작성을 하는 시간은 상대적으로 짧고 문서작업을 대체로 싫어한다.

통상 부하직원이 보고서를 많이 쓰고 그것을 읽는 사람은 상사다. 보고자는 자신이 한 일이나 알고 있는 내용에 대해 하고 싶은 말이 많고, 그것을 한꺼번에 모두 표현하려다 보니 한 줄, 두 줄 문장이 길어진다. 생각에 대한 정리 없이 계속 문장의 길이만 늘어나니 읽는 사람 입장에서는 이해가 되지 않고 보기 싫을 수밖에 없다. 이렇게 되면 상사는 보고서를 읽다가 지치고, 보고자는 자신이 의도했던 바를 전달하지 못하게 된다.

필자가 주니어 시절 가장 난감했던 때는 사수에게 필자가 쓴 설명서를 보여줬을 때이다. 사수는 '네가 쓴 글은 무얼 말하는지 도저히 모르겠다.'라고 말했었다. 그 당시 필자는 문장을 줄줄이 이어 마침표와 쉼표 하나 없이 서너 줄씩 길게 늘여 쓰곤 했다. 글이 장황하니 그걸 보는 사수가 답답할 만했다.

프로그래머에게 글쓰기 실력보다는 개발능력이 우선이라 생각할 수도 있지만 같은 개발 실력이라면 보기 쉽고 자세한 문서를 작성할 수 있는 프로그래머가 더 높은 점수를 받는 것은 당연하다. 또, 글쓰기는 어느 분야에 종사하든 기본적으로 필요한 것이다. 특히 회사에 소속되어 있는 사람이라면 글쓰기는 더욱 피할 수 없다. 회사에서 하는 글쓰기는 보고서를 쓰는 것에서부터 개발한 소프트웨어의 매뉴얼을 만드는 것까지 다양하다. 문서는 한 번 작성하면 여러 사람이 공유할 수 있고, 계속 사용할 수 있는 장점이 있다.

필자가 2년 정도 어셈블리어로 된 소스코드를 일일이 분석하면서 SIMD 프로그래밍 공부를 한 적이 있었다. 2년이란 적지 않은 시간을 공부하면서 여러 가지 의문점이 들었다. '내가 효율적으로 공부하고 있는 것일까?', '왜 이 공부는 오랜 기간이 걸렸을까?'에 대한 이유를 곰곰이 생각해 보았다. 편하게 공부할 수 있는 자료가 없었기 때문이라는 결론을 얻고서 다른 프로그래머가 똑같은 고생을 하지 않기 위한 일을 시작했다. 필자가 익힌 내용을 정

리하여 교재로 만들고, 사내에서 프로그래머에게 교육하기 시작했다. 그 결과 교육을 받은 프로그래머는 필자가 2년 동안 고생하며 익혔던 내용을 한 달 만에 소화할 수 있었다.

이후 필자는 더 많은 사람이 볼 수 있도록 책으로 만들기로 했고, 이를 글로 적기 시작했다. 그런데 쓰다 보니 필자가 봐도 이해가 되지 않는 글을 쓰고 문장력 또한 형편없었다. 대화로 표현하자면 술에 취한 사람처럼 횡설수설하는 것이었다. 두 줄, 세 줄에 걸쳐 장황하게 글을 나열하고, 내 머릿속에 있는 생각을 구어체 그대로 글로 썼다. 그러다 보니 글의 흐름에 맞지 않은 내용이 뜬금없이 튀어나오기도 했다. 전혀 모르는 사람은 '왜 갑자기 여기서 이런 말이 나오지?' 생각할 정도로 이상했다.

또 다른 어려움은 내 머릿속에 있던 내용을 그대로 글로 쓴 것이라서 스스로 그 내용이 이상하다고 알아채지 못하는 것이었다. 다른 사람에게 보여주면 한눈에 글이 이상하다고 지적해 주었지만 내가 사전에 이상한 점을 찾아 고치는 것은 여간 어려운 점이 아니었다. 한 줄 한 줄 천천히 살펴보면 주어, 동사, 목적어와 조사가 맞지 않는 것을 알 수 있는데 신경 써서 읽지 않으면 이것을 눈치챌 수 없었다.

머릿속에 떠오르는 생각은 차례대로 나오지 않는다. 그러니 떠오르자마자 바로 타이핑하지 말고, 머릿속에서 흐름도 생각하고 구성하고 손으로 한 번 정리해 본 뒤 글을 써야 한다. 마치 프로그램을 바로 코딩하는 것보다 설계도를 그려보고, 코드를 작성하는 것이 더 나은 것과 같다.

그리고 자기만의 표현이나 전문적인 용어는 사람들이 아는 단어로 표현으로 바꾸어 이해하기 쉽게 글을 써야 한다. 자기만 보는 일기라면 상관없겠지만 타인에게 정보를 전달하는 내용의 글은 확실하게 의사전달이 될 수 있게끔 해야 한다.

프로그래밍을 꾸준히 익히는 것처럼 글을 쓰는 것 또한 꾸준히 해야 한다. 자신이 머릿속에 가진 정보나 생각을 글로써 표현하는 것도 자기 계발의 하나다. 평소에 글을 제대로 써본 적이 없는 사람이 보고서 등의 문서를 만들면 문맥이 잘 맞지 않아 읽기 힘든 경우가 많다. 많은 프로그래머가 자기 생각을 문서로 표현하기 힘들어 한다. 이것은 기술적인 데이터만 주로 다뤘던 공대생의 특징이라고 생각할 수도 있다. 공대생은 글을 쓰고 자기 생각을 표현하는 기회가 상대적으로 적기 때문이다.

글을 쓸 때는 다음 세 가지 기본적인 내용을 반드시 기억하고 있어야 한다.

첫 번째는 '원인'이 무엇이고 그래서 '결과'가 이렇게 나왔다는 흐름이 있어야 한다. 둘 중 하나라도 빠지게 되면 '왜 그렇게 되었는데?', '그래서 뭐?'라는 질문을 받게 된다. 이를 예방하기 위해서는 누가 읽더라도 이해가 가능한 문장을 만들어야 한다.

두 번째는 문장을 길게 늘여 쓰지 않는 것이다. 일단 머릿속에 떠오르는 것을 짧은 문장으로 써놓고 정리한 후에 문장의 의미에 맞게 붙이는 것이 의미 파악에 도움이 된다.

세 번째는 문장에 있는 주어와 서술어, 목적어를 구분하여 말이 맞는지를 확인하는 것이다. 그리고 적당히 구두점을 사용하여 의미파악에 도움이 될 수 있도록 하는 것이 좋다.

문장작성의 기본적 규칙

기본 내용	설명
원인, 결과 작성	흐름에 맞는 문장 논리적으로 납득 가능한 문장
긴 문장 지양	짧은 문장이 의미 파악에 좋음
문법 준수	주어, 목적어, 서술어의 구분

기술문서에서 예제를 설명할 때 주석처리가 필요한 경우가 있다. 이때는 문서를 읽게 될 독자층을 고려해서 주석을 달아야 한다. 독자가 프로그래머라면 그들이 기본적으로 알만한 수준의 것에 주석을 달 필요가 없지만 프로그래머가 아니라면 이해하기 쉽게 풀어 주석을 달아야 한다.

『프로페셔널 프로그래밍』에 보면 10년 이상의 프로그래머는 글을 써야 한다고 나와 있다. 교수나 강사는 학문적인 글을 주로 쓰고, 직접 프로그래밍을 하는 프로그래머는 노하우나 경험을 담아서 후배 프로그래머에게 전해 주어야 한다고 말한다.

책을 쓴다는 것에만 의미를 두는 것이 아니라 알고 있는 것을 정리하는 것 자체에 대해 의미를 두어야 한다. 이렇게 글로써 정리해 두는 것에는 많은 장점이 있다.

자기가 알고 있는 지식을 정리하면서 부족한 부분을 다시 채울 기회가 된다. 또, 개발하던 도중 필요한 부분이 있으면 잘 정리된 책이 있으니 다시 찾아볼 수도 있고, 되돌려 보기 편하다. 글로 정리하는 데 시간과 노력이 들지만 장기적으로 보았을 때는 오히려 시간절약도 되고 일을 수월하게 진행할 수 있다.

할 말을 떠올리기는 쉽지만 상대방을 이해시키고 또 상대를 이해하는 일은 생각처럼 쉽게 되지 않는다. 서로의 말이 잘 이해가 가지 않으니 같은 이야기를 계속 반복적으로 물어보는 경우도 허다하다. 말로 하는 것은 그 자리에서 할 말을 바로 떠올려야 하는 경우가 있기 때문에 자신이 말하고 싶었던 내용을 완벽하게 전달하지 못한다. 그래서 '내가 그 당시에 왜 그런 말을 했을까?' 아니면 '왜 이렇게 말하지 못했을까?'하는 후회를 자주 하게 된다. 하지만 글을 쓰는 경우에는 하고 싶은 말을 제대로 표현했는지 검토해 볼 기회가 주어진다. 그 기회를 허투루 보내지 말고 꼼꼼하게 살펴보고 정보를 전달하는 데 오해가 생기지 않도록 주의해야 한다.

코딩을 많이 할수록 프로그래밍 실력이 늘듯이, 글을 자주 쓰고 연습하면 그만큼 표현하는 능력도 향상된다. 글을 쓰는 능력이 부족하게 느껴지는 프로그래머라면 꾸준하게 글 쓰는 연습을 해야 한다.

35 문서작성 방법

"노력 없이 쓰인 글은 대개 감흥 없이 읽힌다."

– 사무엘 존슨

정보화 시대가 도래하여도 변함없이 중요한 것이 바로 문서작성이다. 원시적이면서도 영원히 변하지 않는 것이 바로 문서를 통한 의사소통이다. '펜은 칼보다 강하다'는 말이 있다. 세상이 넓고 복잡해질수록 면대면 의사소통보다 문서를 통한 간접적인 의사소통을 선호하게 된다. 문서는 만나는 시간을 줄여 내용전달을 해주는 좋은 수단이기 때문이다.

한 번에 다수 사람에게 전달되거나 중요한 일을 결정하는 데 기준이 되기 때문에 문서작성은 더욱 중요하다. 문서 내용 때문에 실수가 발생하거나 방향이 달라지면 일을 진행하는 과정에 큰 차질이 있을 수 있기 때문이다. 회사 내에서는 단 한 장의 문서로 온 직원에게 잘못된 정보를 전달하기도 하고 결재를 받지 못해 일이 틀어지기도 한다. 따라서 단 한 장의 문서를 쓰더라도 시간과 노력을 많이 들여야 한다. 문서를 다 작성하고 난 뒤에 맞춤법, 오탈자가 있는지 확인하고 또 확인해야 한다. 문서는 단 한 장을 쓰는 데도 많은 시간이 소모되지만 완벽한 문서 한 장은 두고두고 유용하게 사용할 수 있다. 이후에 유사한 문서를 작성할 때 수월해지기 때문이다.

자신이 작성한 문서 때문에 상사에게 몇 번 꾸지람을 받은 적이 있다면 '문서작성'이란 단어만 들어도 부담감이 느껴질 것이다. 하지만 이른바 '문서작성 울렁증'을 고치지 못한다면 상위직급에 올라가서도 계속 문서에 부담을 느끼게 된다. 특히나 회사에 몸을 담고 있다면 전문적인 문서를 무한히 써야 한다. 그러니 문서작성 실력을 키운다고 해서 시간낭비라고 생각하지 말자. 좋은 문서작성 능력으로 얻게 되는 이점은 수없이 많기 때문이다.

앞에서도 말했듯이 문서는 면대면 의사소통을 대신하는 것이다. 문서는 여러 사람을 만나서 전달해야 하는 시간은 아낄 수 있지만 문자로 모든 것을 설명해야 하는 어려움도 있다. 문서에 정확하고 구체적인 내용이 없거나 알 수 없는 내용이 많아서 일일이 다 설명해 주어야 한다면 문서를 통한 의사소통의 의미가 사라진다. 그러므로 문서는 어려운 내용을 쉽게 풀어서 쓰고 구체적인 정보를 담는 것이 중요하다.

필자가 가장 중요하다고 생각하는 것은 논리의 흐름이다. 논리의 흐름은 목차를 잡고, 소절의 제목을 잡는 데 있다. 문서를 작성하기 전에 목차를 잡고, 각 단원의 제목의 흐름이 기승전결을 갖추고 논리의 흐름을 단단하게 갖추고 있는 것이 좋다.

논리를 잘 갖추려면 글을 작성하기 전에 목차를 먼저 잡는 것이 가장 중요하다. 하나의 글은 기승전결이 되도록 장을 구성하고, 각 장마다 주제와 제목을 정한다. 하나의 장 안에서도 기승전결이 되도록 소절을 구성하고, 각 소절마다 주제를 정한다. 그 논리의 흐름을 갖추고 내용을 채워 넣는다면 논리적인 글을 얻을 수 있다. 이러한 구성을 갖추었다면 문서작성의 80% 이상이 완료된 것으로 볼 수 있다. 나머지는 신뢰성 있는 데이터와 독자를 쉽게 설명할 수 있는 내용으로 적으면 된다.

쉽게 설명할 수 있는 내용은 그림과 표로 채워 넣는 것이 좋다. 그림은 이해를 돕고, 표는 핵심을 요약할 수 있게 도와준다.

이러한 기본적인 바탕을 가지고 문서를 쓰는 과정을 살펴보도록 하자.

문서작성의 첫 시작은 어떤 문서를 쓸 것인지 생각하는 것이다. 빈 종이 한 장을 꺼내서 주제를 잡고 무엇을 생각할지 써보자. 주제가 잡혔으면 그 주제에 가지를 쳐서 어떤 내용이 들어갈지 쓴다. 일단 떠오르는 대로 다 써본다. 마구 쓸 때는 아무런 생각 말고 모두 쓰는 것이다. 이렇게 마구 적어 내려가다 보면 생각지도 못했던 좋은 아이디어가 생각나기 때문이다. 가지치기를 끝낸 다음 주제에 아주 동떨어진 내용이 있으면 지우면 된다. 이러한 과정을 거치면 강조해야 할 내용과 그렇지 않아도 될 내용을 구분할 줄 알게 된다.

또, 문서작성을 요구받았을 때 어떤 문서를 원하는지 본질적 요구를 읽어내야 한다. 그리고 문서를 읽을 대상에 대해 아는 것이 중요하다. 문서를 읽는 사람은 자기중심, 소속부서, 소속회사 중심으로 읽게 된다. 그러니 읽는 대상이 필요로 하는 정보를 알아야 한다. 어떤 것을 가장 궁금해할지 사전에 미리 조사해야 한다. 읽게 될 대상이 어느 분야의 배경지식을 가졌는지도 고려해서 수준에 맞도록 전문용어를 잘 설명해야 한다. 같은 회사에 있다고 하더라도 실무자와 경영진이 가진 배경지식이 다른 것을 명심해야 한다. 문서에 어떤 내용이 들어가야 할지 고민된다면 주제에 대한 육하원칙에 기본을 두면 된다. '누가? 언제? 어디서? 무엇을? 어떻게? 왜?' 이 중 하나가 빠지면 의문이 남을 수밖에 없다. 반드시 필요한 내용에 누락이 없어야 한다. 그렇다고 필요한 내용이라고 해서 중복이 많아서는 안 된다.

그다음은 주제와 내용에 맞는 참고자료를 찾는 것이다. 이 과정을 어떻게 하느냐에 따라 문서가 어떤 방향으로 흘러가게 될지 결정된다. 중간에 갈팡질팡하지 않기 위해서는 단단하게 뼈대를 잡아두는 것이 좋다. 가지치기한 키워드에 맞추어 미리 자료를 준비해야 한다. 이 내용을 인용해야겠다 싶으면 페이지를 표시하는 스티커를 붙이거나 밑줄을 그어두어 표시해 두어야 한다. 글 쓰는 중간에 바로 찾아보기 쉽게 준비해 두는 것이다.

문서가 무엇을 말하고 있는지 확실한 효과를 내기 위해서 문서 구성을 미리 설계해야 한다. 문서 설계의 기본은 문서를 받은 사람이 '읽고 싶게 만드는 문서'다. 서론, 본론, 결론을 큼직하게 묶어 글이 빽빽하게 들어차지 않게 해야 한다. 눈에 리듬감 하나 없다면 누구나 읽고 싶지 않을 것이다. 빽빽한 글은 공을 많이 들였다고 생각할 수도 있겠지만 읽기 전부터 눈에 피로가 몰려와 가까이하고 싶지 않다. 그리고 나름대로 문서에 많은 시간을 들인 티를 낸다고 여러 장의 문서를 가져오는 것은 부정적인 효과를 불러일으킬 수 있다. 두서없이 긴 문서는 신뢰도를 떨어트릴 수 있다. 게다가 읽을 상대방의 시간을 배려하지 못한 행동이다. 무엇을 말하고 싶은지 도통 알 수 없는 문서를 여러 장 보게 하는 것보다 어떤 내용인지 확실하게 알 수 있게 해주는 한 장이 훨씬 효과적이다.

문서에 흡입력이 필요하다면 문서에 스토리를 부여하면 좋다. '프레이밍 효과(Framing Effect)'를 이용하는 것이다. 사람은 자신이 생각하고 있는 그 중심으로만 세상을 바라보게 되어 있다. 읽는 대상이 가깝게 느낄 만한 사례, 비유, 비교를 이용하면서 관심을 더 높여주는 것이다. 단순히 '이것은 좋습니다.'라고 말하는 것보다 실제로 사례를 든 뒤, '이러한 경우가 있지 않으셨습니까? 해결을 위해 이 방법을 사용하시면 좋습니다.'라고 하면 내용에 설득력을 더해 준다. 또 비슷하게 공감 갈만한 예시로 비유와 비교를 이용하면 읽는 사람이 이해하는 데 도움을 준다.

문서의 결말 부분에는 지금까지 작성해온 문서 내용을 다시 요약해 주어야 한다. 이 문서가 어떤 문서인지, 무엇을 말하는 것인지 강조해 주는 것이다. 주의할 점은 같은 내용이라고 해서 앞에서 했던 말을 똑같이 복사하고 붙여넣으면 안 된다는 것이다. 같은 주제를 담되 글을 마무리한다는 마음으로 작성해야 한다. 또 작성한 내용을 토대로 어떠한 전망이 있을지 작성해 주면 좋다. 문제가 있다면 해결책을, 좋은 해결책이 있다면 이로 인해 어떤 효과가 생길 수 있는지를 보여주는 것이다.

글의 내용이 어느 정도 작성되었다면 마지막으로 보기 좋게 편집해야 한다. 다시 한번 문단이 제대로 나누어졌나 확인한다. 조사나 연구결과 같은 경우에는 읽는 대상의 이해도를 높이기 위해서 도식화를 하고 이미지를 이용하는 것이 좋다. 이미지를 사용할 때는 최대한 원본 그대로를 이용해 망가트리지 말고 사용해야 한다. 또, 그래프를 만들어서 수치를 쓸 때는 오른쪽 정렬이 좋다. 사람들의 시선은 왼쪽에서 오른쪽으로 앞에 나온 것부터 보기 때문이다.

읽는 사람의 시간과 편의를 배려해 다른 것은 지나쳐도 이것만은 꼭 봐야 한다는 포인트를 잡아주는 센스도 필요하다. 모든 내용이 다 중요하지만 그래도 이 부분은 우선으로 봐야 한다고 콕 집어내는 것이다. 가장 중요한 부분에 음영을 넣는 등 글을 강조하는 것도 좋은 방법이다.

문서를 인쇄하고 한 번 더 내용을 읽어보고 확인해야 한다. 붉은 펜을 하나 들고 과감히 체크하면서 수정할 부분을 찾아내야 한다. 모니터에서 문서를 보는 것과 출력해서 보는 것은 다르다. 모니터에서 찾을 수 없었던 내용이 인쇄하고 나서 보이는 경우가 많기 때문이다. 약간의 오타는 애교로 넘어갈 수 있다 해도 숫자만큼은 확실한 체크가 필요하다. 잘못 쓰이는 것은 정말 위험한 일이다. 숫자는 거래의 결재 여부에 아주 중요한 요소가 되기도 하고 수치 정보에 따라 문서로 인한 생각의 결과가 달라지기 때문이다. 숫자 '0' 하나로 일을 처음부터 다시 해야 하는 경우가 발생하기도 한다.

문서작성 과정

과정	확인사항
주제 및 키워드 설정	생각나는 대로 가지치기를 한 뒤 불필요한 내용 삭제, 읽을 대상을 고려
주제에 맞는 참고자료 찾기	자료를 찾은 뒤 인용할 부분이나 정보 표시
문서 구성 설계하기	서론, 본론, 결론 등 짜임새 있는 구조 작성
문서에 스토리 부여하기	읽을 대상을 고려하여 사례, 비유, 비교 사용
마지막 부분에 문서 내용 요약	문서의 정체성과 의도를 알 수 있게 할 것
문단 정리 및 도식화	글의 배열 정리와 시각적인 자료 등을 활용할 것
문서 인쇄 후 재확인	숫자 등 중요한 수치까지 모두 재확인

좋은 문서를 쓰기 위해서는 기본적으로 읽고, 쓰고, 생각하기를 많이 해야 한다. 좋은 것을 많이 접해야 좋은 것을 찾아내는 눈이 생기듯 좋은 문서

를 봐야 좋고 나쁜 문서를 구분할 줄 아는 눈이 생긴다. 기존에 나와 있는 문서가 별로 좋지 못한 데도 보고서 따라 하는 일이 없게 해야 한다. 잘 썼다고 인정받는 문서 몇 가지를 뽑아 따라 해보고 그 문서를 뛰어넘을 정도로 연습해 보는 것도 좋은 방법이다. 이때는 객관적인 평가를 위해 사람들에게 평가를 받아 보는 것이 좋다. 평가해 줄 사람의 문서 실력은 상관이 없다. 다른 사람의 시선으로 보게 되면 글 쓰는 이가 발견하지 못한 문제점을 발견할 수 있기 때문이다.

36 팀 성과 홍보의 필요성

"고객에게 전화를 하지도 않고 만나지도 않는다면,
도대체 당신이 하고 있는 일은 무엇입니까?"

– 피쳐

프로그래머는 보통 '소프트웨어 개발만 잘하면 된다'는 생각이 있다. 그래서 당연히 프로그래밍 실력이 뛰어나면 회사에서 인정받고 승진도 하게 될 것으로 생각한다. 실력을 키우는 것에만 집중하다 보니 자기의 업적에 대해 잘 보여주지 못한다. 바람직한 회사라면 실력만 뛰어나도 훌륭한 대우를 받는 것이 맞다. 그러나 안타깝게도 현실의 회사에서는 대부분 그렇지 않다.

두 사람이 비슷한 수준의 제품을 내놓는다면 두 사람 중에 더 마음에 이끌리는 사람에게 시선이 향하기 마련이다. 말을 조리 있게 잘하고 확실하게 제품을 보여주는 사람과 그럭저럭 제품을 소개하고 끝나는 사람이 있다면 사람들은 전자에게 더 많이 주목할 것이다. 또한, 주목을 받아야 하는 상황이 아니더라도 평소에 마음이 이끌리는 사람이 되기 위해 노력하는 것이 필요하다.

신입사원일 때는 실력만 키워 놓아도 인정받는 데 큰 무리가 없다. 왜냐하면, 상사도 프로그래머인 경우가 많아서 실력만 보아도 어느 정도 능력을 갖추었는지 가늠해 줄 수 있기 때문이다. 하지만 승진할수록 자기 위에 있는 사람이 경영진으로 구성되는 경우가 늘어나게 된다. 경영진은 프로그래밍 실무에 있지 않으므로 실력보다는 실적 위주로 능력을 평가하게 된다. 주니어 프로그래머는 실력으로 경쟁하지만, 관리자의 경쟁은 실적을 얼마만큼 내느냐에 달려있다. 그 때문에 자신 또는 팀의 실적을 경영진에게 적극적으로 보여주려고 노력한다. 모든 사람이 적극적으로 나서는 상황에서 자신 또는 팀의 성과를 말하고 표현하지 않으면 아무도 알아주지 않는다. 여기서 나서지 않으면 밀린다는 생각을 가지고 자신의 실적을 잘 표현하는 것이 중요하다.

만약 영업자와 프로그래머가 경쟁하게 되면 게임이 쉽지 않다. 영업자는 사람의 마음을 설득하고 보여주는 것이 몸에 배어있지만, 프로그래머는 사람을 대하는 일에 익숙하지 않기 때문이다. 특히 사내 정치를 잘하지 못해서 회사 내에서 밀리고 소외되는 경우가 많다. 그나마 소프트웨어 개발이 주업인 회사에서는 소외되는 일이 덜하다. 소프트웨어 개발이 주업인 회사에서는 보통 사장도 프로그래머 출신인 경우가 많기 때문이다.

그러나 만약 주업이 소프트웨어가 아니라면 회사 안에서 변방에 자리 잡게 되는 경우가 허다하다. 주류가 아닐수록 말하고 표현하는 것이 중요하다. 하지만 프로그래머는 자기의 성과를 알리는 것을 부끄럽게 생각하는 경우가 많다. '어떻게 내가 내 입으로 실력과 성과를 냈다고 하지?'라고 생각하며 겸손을 비추는 이야기를 하는데 이때만큼은 겸손을 잠시 접어두는 것이 좋다. 오히려 자기 성과를 표현하는 상황에서는 강한 자신감을 보여주어야 상대방이 믿음이 생기고 인정하게 된다. 작은 성과라도 강하게 주장해서 회사에 잘 알려야 한다. 작은 개선 효과도 적극적으로 알리고 기술적으로 어려운 것을 성공적으로 해내었다고 주장해야 한다.

대개 프로그래머는 자신이 개발한 업적에 대해서 자부심을 가지고 있지만 그 성과에 대해서 드러내 놓고 이야기하는 것에 대해서는 쑥스럽거나 부끄러워한다. '언젠가 누군가는 알아주겠지'라는 생각을 하기도 하지만 '언젠가'와 '누군가'는 영원히 오지 않는다. 모든 사람이 자기 PR을 하면서 표현을 하기 때문에 애써서 이룬 성과는 묻혀버리고 만다.

'적어도 내가 일한 만큼, 우리 팀의 성과만큼이라도 인정받자'라는 생각을 가져야 한다. 실적을 있는 그대로 말하고 강조하면 된다. 괜한 허풍을 떠는 것이 아니라면 성과를 강조해도 비난받지 않는다. 적극적인 자세로 자신이 낸 성과가 앞으로 어떤 효과를 낼 수 있는지 장점과 목표를 더해서 말한다면 더 크게 어필할 수 있을 것이다.

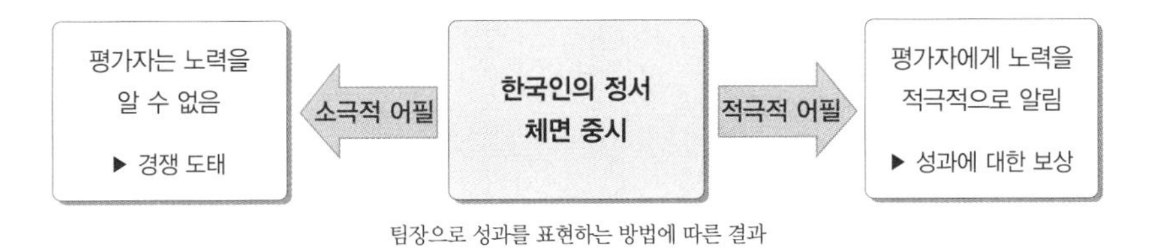

팀장으로 성과를 표현하는 방법에 따른 결과

자기 팀의 성과를 주장하는 것과 함께 다른 팀의 성과를 인정하는 것도 중요한 요소이다.

감정이 풍부한 사람은 작은 일에도 큰 반응을 보여주고 소소한 일도 많은 제스처와 꾸민 말로 상대방으로 하여금 더 기분을 돋구어 준다. 하지만 프로그래머는 감정을 풍부하게 표현하는 데 서투르다. 풍부하게 표현하는 데 익숙하지 않기 때문이다. '리액션'도 연습이 필요하다. 자주 연습하다 보면 더 자연스러워지고, 자신도 즐거움에 빠져든다. 부가적으로 다른 사람의 성공을 자기 일처럼 좋아하니 인간관계도 좋아진다.

내가 해낸 성과에 대해 자랑하고, 다른 사람이 함께 기뻐할 것을 생각해 보자. 그러면 일을 하는 과정에서 더욱 활력을 얻고 인정도 받을 수 있을 것이다.

37 프레젠테이션 방법

"멋지게 말하려고 하지 마라.
신발을 주문할 때 신발가게 주인에게 하듯 하라."

– 소크라테스

프레젠테이션은 프로젝트의 계획, 진행, 업무성과에 대한 결실을 보고하고 그동안의 노력을 평가받는 중요한 수단이다. 그렇기에 직장인이라면 누구나 프레젠테이션에 대한 부담과 고민을 느끼고 있을 것이다. 특히, 프로그래머가 의사소통을 중요시하는 프레젠테이션에 대한 부담을 많이 갖고 있는데, 프로그래머의 업무가 사람을 상대하기보다는 컴퓨터를 활용하는 시간이 많기 때문이다.

경력이 쌓이고 직급이 올라갈수록 다수 앞에 자신이 준비한 PPT의 내용을 설득시켜야 할 때가 자주 찾아오게 된다. 프레젠테이션이 일의 성과를 좌우할 때도 있기에 프레젠테이션 능력은 개인의 장점과 무기로 보이기도 한다. 프레젠테이션의 중요성을 깨달은 사람은 어떻게 하면 프레젠테이션 문서를 잘 만들고 스피치를 유연하게 하는지 부단히 노력한다.

프레젠테이션은 청중에게 발표하는 내용을 호소하고 설득하는 과정이다. 훌륭한 것을 만들어 냈다면 그것이 얼마나 훌륭하고 무슨 가치를 창출해 낼 수 있는지 표현해야 한다. 경쟁자가 쏟아져 나오는 상황에서 누군가 알아서 찾아 주길 바라는 것은 어리석은 일이다. 그러므로 청중의 머릿속에 말하고자 하는 부분을 충분히 각인시킬 수 있어야 한다.

'스티브 잡스'는 프레젠테이션을 말할 때 언제나 빠지지 않고 나오는 인물이다. 그가 아주 특별한 기술을 사용한 것은 아니다. 단지, 은유를 사용하거나 무엇을 말하려는지 바로 알 수 있는 머릿말을 쓰는 등 작은 요소들을 더해 프레젠테이션을 담백하고 풍성하게 만들어냈다. 프레젠테이션을 많이 해야 하는 직장인에게는 스티브 잡스의 능력이 정말 부러울 것이다. 하지만 우리는 스티브 잡스처럼 모두가 놀랄만한 프레젠테이션을 할 필요는 없다. 프레젠테이션하는 본연의 목적만 달성하는 수준으로만 만들면 된다. 일단 프레젠테이션을 하는 기본적인 자세부터 알고 실천하면 된다. 프레젠테이션을 하기 위해서는 반복과 연습이 필요하다. 청중 앞에 여유로워 보이던 스티브 잡스도 프레젠테이션 전에 긴 시간에 걸친 준비와 수없이 많은 연습을 하고 올랐다고 한다.

프레젠테이션을 할 때 제일 걱정되는 것이 바로 '무대 울렁증'이다. 프레젠테이션을 하면서 긴장을 하게 되면 목소리, 손, 포인터 등이 모두 다 떨리게 된다. 프레젠테이션에 능한 사람일지라도 프레젠테이션을 끝내기 전까지는 모두 어느 정도 긴장을 하고 있다. 프레젠테이션 실력자라 할지라도 사람이기 때문에 늘 실수가 생길 수 있기 때문이다.

프레젠테이션 도중 실수를 했다 해도 지나간 것이니 잊어버리고 다음 내용에 집중하는 것이 좋다. 한 번의 실수를 했다고 해서 잊지 못하고 발표 중에 계속 생각하고 당황하다가 전체 발표를 망쳐버리는 경우가 발생하기 때문이다.

한 번의 실수를 하더라도 '다음엔 더 잘해야지'하는 유연한 마음을 가져야 한다. 프레젠테이션을 망친다 할지라도 모든 것이 끝난다는 부담을 떨쳐야 한다. 프레젠테이션이 중요한 순간이지만 모든 것을 결정하지는 않는다. 프레젠테이션 후 반성과 피드백은 필요하지만 실패했다는 자책을 하기 시작하면 심적인 부담이 더욱 커지고 자신감이 떨어지게 된다. 이를 극복하기 위해서는 완벽을 기한 '준비'와 충분한 '연습'이 필요하다. 충실하게 준비를 하면 자신감이 생기고 울렁증을 극복할 수 있다.

필자도 프레젠테이션을 하면 목소리가 떨리고, 얼굴의 광대뼈 주위에 안면 근육이 떨릴 때가 있었다. 이런 현상은 준비가 안 된 프레젠테이션일수록, 청중이 많을수록 증상이 심했다. 그래서 청중이 많을수록 미리 프레젠테이션 준비를 더 많이 했다. 프레젠테이션 경험이 많아지니 그런 현상이 자연스럽게 사라졌다. 프레젠테이션에 실수할 때면 당황하기보다 준비한 내용을 다 떠들고 내려온다는 심정으로 진행했다.

프레젠테이션 준비는 다음과 같이 한다.

먼저, 어떤 청중 앞에서 발표할 것인지 고려해야 한다. 상사인지, 팀원인지 거래처 사람인지 청중에 맞춰 그들이 가지고 있는 지식이나 배경을 활용하는 것이 좋다. 그들이 잘 모를 만한 정보와 관심 있는 부분을 집중적으로 설명해 줄 수 있기 때문이다. 이미 아는 내용을 프레젠테이션한다면 청중은 지루함을 느낀다. 또, 청중에게 맞는 스토리텔링을 준비하는 것이 좋다. 청중

입장에서 한 번 더 생각해보면 그들에게 공감을 얻고 설득할 수 있는 과정이 더 수월해진다.

다음으로 깔끔하게 알아보기 쉬운 슬라이드를 준비하는 것이 중요하다. 자신이 직접 하는 말을 줄이기 위해 슬라이드에 필요한 내용을 워드처럼 빽빽하게 적어 놓는 경우가 있다. 심지어 그 슬라이드를 그대로 읽기까지 한다면 훌륭한 발표라고 할 수 없다. 글이 빽빽한 슬라이드는 청중으로 하여금 발표 내용을 듣기 전부터 지루함을 느끼게 한다. 발표를 하기 전부터 청중은 이미 내용을 대강 파악했기 때문에 집중도도 떨어지게 된다. 따라서 슬라이드에 관심을 끌 만한 요소를 만들고 필요한 부분만 깔끔하게 정리해서 청중의 호기심을 자극해야 한다.

사소하게 생각하기 쉽지만 프레젠테이션을 할 때 고민되는 것이 말투다. 발표 자리이니 '~습니다'라는 격식 차린 말투를 써야 한다는 압박감이 생기기도 한다. 하지만 이런 말투가 어색하다면 프레젠테이션 때 쓰지 않는 것이 좋다. 발표자가 어색하고 불편하게 발표한다면 청중도 불편하게 느낀다. 그러니 크게 말투에 부담을 갖지 말고 친근하게 청중에게 다가갈 수 있는 말투가 좋다.

프레젠테이션 내용뿐 아니라 발표 시간에 대한 고민도 많을 것이다. 훌륭한 발표자는 청중의 반응을 살피며 발표한다. 시간에 쫓기기보다는 청중의 집중도와 태도에 맞추어 프레젠테이션의 호흡을 적절히 조절하며 이끌어 간다. 그러나 그와 반대로 경험이 부족한 발표자는 발표할 것에만 집중한다. 준비한 내용을 다 발표해야 한다는 부담만 가지고 청중의 반응은 신경 쓰지 않은 채 이야기만 한다. 청중은 집중도가 떨어지게 되면 정작 중심부에 나오는 중요한 내용을 흡수하지 못하게 된다.

프레젠테이션이 길어져 시간이 부족할 때는 쉬고 싶은 청중의 분위기를 어느 정도 파악할 수 있어야 한다. 청중이 프레젠테이션이 끝났을 때 적어도 '드디어 해방이다!'라는 느낌이 들지 않도록 해야 한다. 프레젠테이션은 청중을 고문하는 시간이 아니다. 발표자는 느끼지 못하겠지만 앉아서 일방적으로 듣는 청중은 집중력이 흐트러지고 몸도 뻣뻣해진다. 차라리 시간이 부족하다면 빨리 끝내고 궁금한 사항을 질문받는 것이 더 낫다.

프레젠테이션 전에 미리 몇 번 연습해 두면 자료만 준비한 상태로 당일 날 발표를 하는 것보다 훨씬 좋다. 미리 연습하게 되면 '내가 연습한 대로만 하면 된다.'는 생각이 들어 믿는 구석이 생긴다. 혼자 연습하는 것보다는 예상질문까지 준비해 가며 팀원과 실전처럼 연습해 보는 것도 좋은 방법이다.

필자 경험상으로 프레젠테이션을 연습하는 가장 좋은 방법은 새로운 기술이나 학습 교재의 한 챕터를 뽑아 스터디를 할 때 PPT를 이용하여 팀원에게 가르치고 교육하는 것이었다. 이것은 강의처럼 교재에 있는 내용을 프레젠테이션 문서로 만들어 설명하고 자신이 만든 개발방법을 소개하는 방식이다. 이렇게 남에게 가르치는 교육강의는 추천할만한 방법이다. 자신의 실력도 늘고 다른 사람을 가르쳐줄 수 있어 프레젠테이션을 연습하기에도 좋다.

한가지 주의할 점은 단지 여러 번 발표했다고 해서 훌륭한 발표자가 되지 않는다는 것이다. 소수의 사람 앞에서 하다가 갑자기 많은 사람 앞에 서면 또 다시 처음 프레젠테이션을 할 때처럼 똑같이 떨게 된다. 또 익숙한 자리에서 하는 것과 낯선 자리에서 하는 것은 천차만별이다. 그래서 정확하게 '몇 번'을 하느냐보다 얼마나 '다양한 환경'에서 하느냐가 중요하다. 상사 앞에서, 거래처 사람 앞에서, 불특정 다수 앞에서, 낯선 공간에서 등 언제 닥쳐올지 모르는 환경에 적응할 수 있는 대처 능력을 익혀야 한다.

프레젠테이션을 위한 기본적인 준비방법

프레젠테이션 요소	준비사항
청중 고려	청중이 어떤 사람인지 고려하고 그에 알맞은 수준과 스토리텔링을 준비할 것
슬라이드	청중의 이목을 집중시킬 수 있는 정돈된 슬라이드가 필요함
말투	불편하게 격식을 차리는 것보다 편하게 청중에게 다가갈 수 있는 말투가 좋음
시간	청중의 집중도를 살피고 지루해지거나 늘어지지 않도록 끊어야 할 때는 끊어야 함
연습	실전처럼 익숙해질 때까지 연습하고, 다양한 환경을 고려하고 연습해 볼 것

프레젠테이션을 피하거나 어영부영 순서 때우기 식으로 넘어가면 프레젠테이션 경험이 많다 해도 실력은 제자리걸음을 하게 된다. 게다가 주니어 시절에 프레젠테이션에 대한 자신감을 갖지 못하면 훗날 리더가 되어서도 팀원에게 대신하게 한다. 프레젠테이션을 자꾸 피하게 되는 것이다. 그래서 프레젠테이션을 직접 하는 것이 아주 중요하다. 또 그냥 건성으로 프레젠테이션

을 하고 피드백 없이 넘어간다면 변화도 발전도 없다. 스스로 피드백을 하고, 먼저 나서서 프레젠테이션에 참여하는 것이 중요하다. 먼저 나서기가 부담스럽다면 최소한 프레젠테이션이 주어졌을 때 피하지 말아야 한다.

발표자가 아닌 청중일 때 프레젠테이션 발표자에게 배려를 해주어야 할 것도 있다. 만약 발표자가 초보에다가 많이 긴장하고 있다면 공격적인 질문은 자제해야 한다. 물론 부족한 점을 알려주는 것도 좋지만 쏘아붙이면서 공격하듯이 몰아치지 말아야 한다. 초보 발표자는 긴장을 더 많이 하므로 청중에게서 조금이라도 냉랭한 기운이 느껴진다면 금방 기가 죽게 된다. 그러면 다음 프레젠테이션을 할 때 더 긴장하게 되고 급기야 프레젠테이션을 피하게 된다. 이때는 후배를 키운다는 마음으로 배려가 필요하다.

38 시대 변화의 흐름을 타자

"늘 행복하고 지혜로운 사람이 되려면 자주 변해야 한다."

智者動, 仁者靜, 智者樂, 仁者壽。

– 공자, 논어

IT 업종의 기술은 하루가 다르게 변한다. 세계적인 흐름으로는 영원할 것 같았던 마이크로소프트의 윈도우즈와 인텔의 영광은 모바일 시대가 오면서 큰 변화를 겪고 있고, 구글과 애플이 급성장하여 서로 패권을 차지하기 위해 경쟁하고 있다. 기존의 윈도우즈 환경에서 제작되던 소프트웨어 기술은 웹을

지나 모바일 환경에서 제작되고 있다.

한때 흥했던 업종이더라도 시대의 변화에 따르지 못하면 쇠퇴하게 되는 것은 한순간이다. 그나마 시대의 변화에 뒤늦게라도 따라간다면 간신히 현상을 유지할 수는 있다. 언제나 변화는 위기를 불러오고, 그 위기를 어떻게 극복하느냐에 따라 회사의 흥망성쇠가 결정된다.

시장이 변화되면서 지속적인 발전이 이루어지는 업종이 있는가 하면 점차 사그라지는 업종이 있다. 경쟁사가 적고 지속적인 발전 가능성이 있는 업종을 '블루오션'이라 하고, 기존의 업종에서 경쟁이 포화된 분야를 '레드오션'이라 한다. 블루오션과 레드오션 현상에 영향을 받는 것은 회사뿐 아니라 개인도 포함된다. 개인이 자신이 종사하고 있는 업종에서 블루오션 혹은 레드오션의 영향을 겪게 될 때 변화에 적응하지 못하면 어려운 고비를 맞이하게 된다. 프로그래머는 어떻게 블루오션과 레드오션 현상을 겪고 극복해 낼 수 있을까?

어느 업종이든 기술적 차이는 있지만 대부분 프로그래머가 필요하다. 프로그래머를 필요로 하는 곳이 많다고 해도 블루오션 업종이냐, 레드오션 업종이냐에 따라, 그리고 이 두 현상 속에서 어떻게 대처하는가에 따라 프로그래머의 인생이 좌우되기도 한다.

블루오션의 업종에서는 블루오션에서 일한다는 것 자체만으로 발전 가능성은 보장되어 있다. 그리고 블루오션의 업종에서 일하면서 그 분야의 전문가가 된다면 더할 나위 없이 좋다. 발전하는 업종의 회사에 근무하니 중간만 해도 좋은 대우를 받을 수 있고, 경험이 쌓이면서 승진도 하고 전문가의 위치에 올라설 수 있다.

하지만 이와 반대로 보장되지 않은 불안한 레드오션의 업종이라면 염려가 많아진다. 프로그래머가 회사에 처음 들어가거나 이직할 때 레드오션의 업종에 근무하게 되거나, 블루오션이 시간이 지나면서 레드오션으로 변화하는 경우도 있다. 레드오션에서는 미래에 대해 불안감이 커지고, 처우가 나빠진다. 그렇다면 왜 많은 사람이 레드오션의 업종에서 빠져나오지 못하고 계속 근무하게 되는지 그 이유를 살펴보자.

사회초년생이 회사에 취직할 때는 자신이 종사할 업종이 블루오션인지 레드오션인지 대한 구분이 잘 서지 않는다. 많은 경험을 해보아도 시대의 흐름과 성장하는 업종을 알기란 상당히 어려운데, 사회초년생이 이런 혜안을 갖고 있기 힘들다. 만일 성장하는 업종을 바로 알아보는 능력을 갖추고 있다면 아마도 사업이나 주식투자를 하는 것이 성공의 지름길일 것이다.

사회초년생은 업종의 부침보다는 취업 가능성, 회사의 크기, 급여와 복지로 직장을 선택하게 된다. 조금이라도 더 큰 회사와 조금 더 많은 연봉이 선택 기준이 되는 것이다. 그러나 대기업이니 평생 안정적일 것으로 생각하고 입사를 했는데 갑자기 구조조정이 시작되고 회사 상황이 혼란스러워지면 예상했던 것과 다른 흐름에 당황하게 된다. 물론 '신의 직장'이라 불리는 금융권 전산직이나 기술직 공무원이 된다면 이런 고민은 줄어들 수도 있다. 하지만 그런 직장의 수요는 매우 적어서 한정적일 수밖에 없다.

앞서 말한 사회초년생의 직장선택 방법과 조금 다르게 직장을 선택하는 사람도 있는데, 자신이 흥미를 느끼는 분야에 도전하는 것이다. 예를 들어서 게임을 좋아하고 자신의 손으로 만든 게임을 만들고 싶은 꿈이 있어 게임회사에 들어가는 것이다. 어느 정도 그 꿈에 대해 이해는 되지만 문제는 같은 생각을 하는 사람이 너무 많다는 것이다. 너무 많다는 것의 문제는 특별함이 없다는 것이고 그로 인해 처우가 불안정해진다. 게임산업은 한동안 블루오션에 속해 있었는데 게임 개발자를 희망하는 사람이 너무 많아져 레드오션이 되었다. 게임 개발의 꿈도 좋지만 경쟁과 낮은 처우에 점차 지치게 되면 만족도가 떨어지고 한계에 도달하게 된다.

어느 정도 사회 경험을 쌓게 되면 업종의 흐름을 보게 되거나 직접적인 체험으로 실감하게 된다. 그리고 본능에 따라 몸담은 시장이 줄어들고 있음을 느끼거나 시장이 한계에 도달했음을 알리는 정보를 얻게 된다. 이런 신호를 받게 돼도 당장 1~2년 안에 큰 문제가 발생하는 것은 아니어서 당황할 필요는 없지만, 깨닫는 순간 준비를 시작해야 한다. 아무런 준비 없이 변화의 흐름을 그대로 받아들이면 인생이 힘들어진다.

만일 본인이 심각한 레드오션에 속해 있다면 어떻게 벗어날지에 대한 전략을 세워야 한다. 이직하는 것도 보통 일이 아닌데 이직과 함께 업종을 바꿔야 하니 정말 큰 일이 아닐 수 없다. 가장 큰 어려움은 이직과 더불어 새로운 분야로 도전하는 것에 대한 공포다. 이러한 이유로 변화를 앞두고 있을 때 가장 필요한 것은 이를 감내할 용기이고, 때로는 무대뽀로 실행하는 것이 최선의 전략일 수도 있다. 하지만 대부분의 사람은 이런 방법을 실행하기 어려우므로 이성적으로 판단하여 공포의 높이를 낮춰야 한다.

- ∨ 레드오션에 계속 있는 것보다 블루오션으로 옮겨 가는 것이 복지나 처우 개선에 도움이 될 것이다.
- ∨ 레드오션에 계속 있으면 줄어드는 시장과 치열한 경쟁 때문에 결국에는 한계에 도달하게 될 것이다(열악한 상황이 지속하거나 구조조정 되는 것을 의미).
- ∨ 블루오션은 많은 인원을 필요로 하므로 구인의 문턱도 낮다.
- ∨ 블루오션은 시작된 지 얼마 되지 않기 때문에 전문가의 수도 적고 실력에 따른 격차도 적다.
- ∨ 빠른 시기에 진입하는 것이 이미 시장이 성숙했을 때 진입하는 것보다 낫다.

이성적으로 당연한 듯하게 보이는 위의 내용을 계속 생각하고 이해하면 본능에 따라 느껴지는 이직과 업종 변환에 대한 공포를 낮출 수 있게 되고, 이전보다 쉽게 실행으로 옮길 수 있다.

필자가 게임 회사에 근무했을 때에는 시장이 성숙하지 않아서 3년차 경력자도 팀장을 맡는 경우가 많이 있었다. 지금 돌이켜 보면 팀장과 신입사원의 실력차이도 얼마 나지 않았던 것 같다. 하지만 10년이 지나 게임산업이 성숙해진 지금 그때 팀장을 했던 사람은 이미 10년의 팀장 경력을 쌓아 베테랑이 되었고 그 자리에서 물러나는 사람이 많지 않다. 그러나 지금부터 새롭게 시작하는 사람이 10년이 지나면 과연 팀장의 자리에 올라설 수 있을까?

성장하는 업종으로 이직하게 되었을 때의 효과를 그림으로 나타내면 다음과 같다.

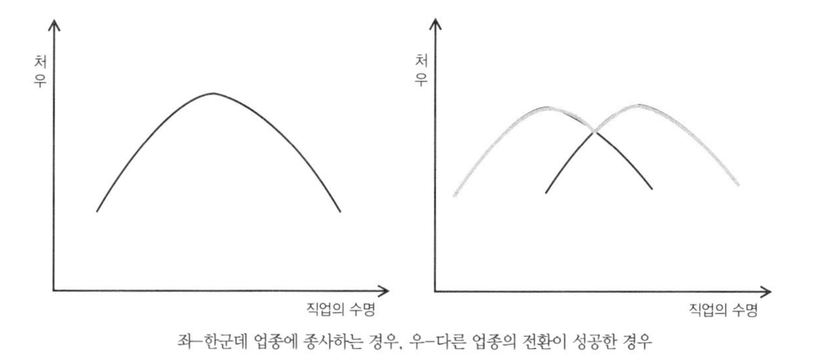

좌–한군데 업종에 종사하는 경우, 우–다른 업종의 전환이 성공한 경우

처음에 업종을 전환하게 되면 기존에 받고 있던 처우가 이전 업종에 비해 낮아질 수 있다. 하지만 금방 적응하게 되고 약 6개월의 시간이 흐르면 변화된 환경에 익숙해진다. 2~3년 정도의 시간이 지나면 예전과 같은 업무능력을 발휘할 수 있게 된다. 그리고 그만큼 처우는 개선된다. 성공적으로 업종 변환을 하게 되면 블루오션의 다양한 기회와 혜택을 누릴 수 있었다.

지금은 레드오션이 된 필자의 전 직장에 함께 입사했던 동료직원은 입사 당시의 팀장이 그대로 있고, 위로 경력직 직원이 이직해 오면서 10년이 지나서도 팀장이 되지 못했다고 한다. 하지만 필자는 레드오션이 된 회사에서 블루오션이 된 회사로 전환하면서 단기간에는 처우가 하락했지만, 업종이 활황세를 타면서 이전 수준으로 금방 돌아왔다. 그리고 대규모 투자의 프로젝트 관리자를 맡으면서 많은 경험을 할 수 있었다. 업종을 변경하면서 얻는 또 다른 이점은 다른 분야를 접하게 되면서 시야가 넓어진다는 것이다. 보통의 직장인은 한 직장에 머무르면서 2년, 4년을 주기로 지루함을 느끼게 된다. 2년이 지나면 담당하는 업무에 대해 대부분 파악하게 되고, 같은 일을 반복적으로 하게 된다. 일의 숙련도는 높아졌지만 흥미가 떨어지게 된다. 4년이 지나면 같이 일하는 사람이 항상 똑같으므로 새로운 사람을 만나고 싶어하는 생각도 들게 된다.

업종 변경의 장점은 이러한 욕구가 자연스럽게 해결된다는 점이다. 다른 환경과 사람을 접하면서 전혀 다른 분야에서 배울 수 있는 것이 생긴다. 환경이 바뀌면 당연히 기존에 사용하던 기술은 바뀌고 프로그래머는 변화된 내용을 배우고 익혀야 한다. 이렇게 배운 것은 모두 자신의 경험과 자산으로 남게 된다. 또 변화되는 환경에 대한 적응력도 높아져서 어려움이 와도 잘해낼 수 있을 것이라는 자신감도 함께 얻을 수 있다.

그럼, 시대의 변화를 느끼는 방법을 알아보자.

첫 번째로, 항상 헤드헌터의 채용레터를 받는 것이다.

헤드헌팅 회사에 메일수신 동의만 하면 현재 채용인력이 부족한 분야를 알 수 있다. 몇 달이 걸쳐서도 인력을 구하지 못하는 직군이 있는 것을 알 수 있다. 앞으로도 전망이 좋고 공급이 부족하니 본인이 흥미를 느끼는 분야를 천천히 준비하면 된다.

헤드헌팅회사 [redacted] 입니다.

분야별 채용포지션을 추천 드리고자 메일 드립니다.

저희 **홈피**(인증번호: 1004)에 가시면 다른 포지션들이 많이 오픈 되어 있습니다.

관심 가는 포지션이 있으시면 희망사항과 함께 **이력서**를 보내 주십시오. 고맙습니다.

1.(상장회사)**Automotive/Multimedia Chipset** 및 **ASIC 전문회사** (송파)
-> 현대오트론이 최대주주인 회사/매출 450억/직원 120명
1) Digital 설계 엔지니어
- 다양한 IP 설계 경험, TOP integration 및 칩 테스트 경험 보유자(양산 경험 우대)
- Front-end 경험 보유 (DC/PT/Spyglass)
- Firmware(ARM C/ASM) code 작성 경험 보유
- 경력 3년 이상
2) CMOS Analog 및 Power Device 제품 회로설계
- CMOS Analog 반도체 설계 경험자
- Power 관련 제품(PMIC, LDO, LDC, DCDC, Motor driver) 설계 경험자
- PLL 및 interface 회로설계 OP Amp류, 각종 Driver류 BCD공정 이용 설계 경험자
3) Layout 설계
- Power analog/High voltage/CMOS Mixed Analog product Layout 경험자(Cadence)
- Power Device Layout 설계 및 MOSFET 소자 개발(CAD)
- 대리~과장(선임급)
4) S/W 엔지니어
- 필수: 임베디드 시스템 응용 소프트웨어 개발 경력 2년 이상
- 각종 미들웨어 경험자/반도체 제조업체 및 솔루션 개발업체 경력 선호
2.(상장예정)**Video/Multimedia IP 전문 회사** (강남)
-> 국내 유일 IP 전문회사/매출 100억/직원 50명
1) Video Codec H/W(RTL) Engineer
- H.264/VC-1/MPEG-2/4 등의 video codec sub-block 개발
- Video codec top merge and verify/FPGA test
- VHDL, C언어 사용 가능/Linux 환경에 대한 경험
- 경력 3~14년 내외
2) Video Codec S/W Engineer
- Video IP S/W 개발 및 IP 검증
- 하나 이상의 video standard(MPEGo2, H.264, VCo1 등)에 대한 이해
- Tool: C/C++, Assembly language (ex. ARM, TI)

두 번째로, 전자신문과 잡지를 살펴본다.

매일 구독하거나 정독하는 것이 아니라 가끔 회사에 놓인 전자신문이나 잡지를 주기적으로 살펴본다. 하루에 심층적으로 언급되는 것보다 계속해서 언급되는 분야가 유망한 것이다. 또, 향후 수요가 부족한 전문가에 대한 통계가 나오면 유심히 살펴보는 것이 좋다. 모르는 분야를 공부하는 것이 아니라 흐름에 대한 감을 느끼는 것이다.

세 번째로, 학회지를 보면 향후에 전망있는 분야를 알 수 있다.

약간의 감을 느낄 수 있다면, 좀 더 깊은 지식을 얻을 수 있다. 정보과학회지나 논문을 검색해 보면 깊이 있고 앞선 기술을 배울 수 있다.

여러 분야를 살펴보면서 흥미를 느끼는 분야가 있거나 자신이 경쟁력이 있을 것으로 느껴지는 부분을 공략하면 된다. 주의할 점은 전망이 있어 보인다 하더라도 대체할 인력이 많거나 자신이 다른 사람보다 경력이 뒤처지는 분야를 시작해서는 안되고, 새로 시작되는 분야로서 다른 사람도 경험이 없고, 본인이 가진 경험과 시너지를 보일 수 있는 분야가 좋다. 새로 시작하는 분야가 아니더라도 대체 인력이 부족한 것이 더 나은 분야다. 10년 먹거리를 찾을 생각으로 준비를 하고, 신중하게 행동하는 것이 필요하다. 기술의 차이가 있더라도 프로그래밍의 근본은 똑같기 때문에 약간의 도전정신만 있다면 시대 변화의 흐름과 파도를 탈 수 있을 것이다.

39 그릇의 크기

"부하 걱정을 많이 하는 지휘관은 패하기 마련이다."

– 나폴레옹 보나파르트

회사에서 사담을 나누다 보면 개인이 가진 그릇의 크기에 대한 이야기가 나올 때가 있다. 여기서 말하는 그릇이란, 회사 안에서 발휘하는 개인의 역량을 뜻한다. 중간관리자의 직급을 가지고 있으면서 리더십과 주인의식을 가지고 열심히 일하는 사람도 있지만 부장, 임원의 직급에 있어도 중간관리자보다 일을 못 하는 경우도 많이 있다. 이는 승진이 업무능력과 100% 일치하지 않고 연공서열과 과거에 회사에 이바지한 수준에 따라 결정되기 때문이다.

회사에서 필요로 하는 업무능력은 직급에 따라 다르다. 사원부터 대리까지는 자기의 능력을 향상시켜 업무를 수행해야 한다. 과장부터 차장까지는 중간관리자로서 팀원의 업무와 스케줄을 조정하며 성과를 내야 한다. 부장, 임원의 경영진은 표준 프로세스와 조직의 구성, 사업의 방향을 제시해 주어야 한다. 그런데 주어진 직급에 맞지 않는 행동을 할 때 문제가 생긴다. 다시 말해, 주어진 위치에서 그릇의 크기가 적절하지 못할 때 회사 내에서 입에 자주 오르내리게 된다.

그릇에 맞지 않는 행동에는 무엇이 있는지 알아보도록 하자.

먼저, 자신의 직급에 주어진 업무와 관련이 없는 다른 직급의 일까지 괜히 손을 넓혀 관여하는 경우다. 중간관리자가 실전에 스스로 참여하여 뛰어다니고 팀원의 업무까지 함께 하면 상사에게 성실히 일하는 모습을 보여줄 수 있다. 언뜻 보면 긍정적인 것처럼 보이지만 사실은 그렇지 않다. 이렇게 일일이 중간관리자가 팀원의 업무까지 간섭하면 팀 전체의 업무 효율이 떨어진다. 또, 경영진이 사원의 일정을 하나씩 챙기며 유휴인력이 있는지 살피는 경우가 있는데 이는 굳이 경영진이 관리하지 않아도 될 사람의 일까지 관여하여 중간관리자의 활동범위를 줄이게 된다. 현장과 경영진 간에는 상당한 온도 차가 있어서 일의 우선순위가 바뀌게 되고, 업무진행의 효율성이 떨어진다. 또, 일정이 없으면 쉬는 사람같이 보이기 때문에 사원은 굳이 하지 않아도 되는 일을 보여주기 식으로 불필요한 업무를 채워 넣고 보고하게 된다.

경영진이 사원의 일정이나 업무를 챙기는 습관은 중간관리자 행동에 제약을 가하게 된다. 보통 중간관리자는 현장의 문제를 상당 부분 걸러내고 특이사항만을 보고하게 된다. 만일 경영진이 중간관리자의 보고를 믿지 못하고 팀원의 일정을 일일이 점검하여 업무지시를 내리면 현장의 상황을 이해하지 못하고 상반되거나 우선순위가 바뀐 지시를 하게 된다. 경영진은 모든 인원이 쉬지 않고 업무를 할 수 있도록 효율화했다고 생각하겠지만 현장의 팀원은 단순히 경영진의 지시라는 이유만으로 마지못해 지시를 따르게 된다. 이는 탁상공론만 하게 되는 조직의 모습이라 할 수 있다. 불필요한 업무까지 맡게 되면서 자원을 낭비하게 되고 사원의 사기도 떨어진다. 경영진이 보기에 팀이 노는 것 같이 보이더라도 전체적인 프로젝트 일정에 맞게 진행되고 있다면 최대한 자기 업무 외에는 침해하지 않도록 해야 한다.

다음으로 경력이 중간관리자까지 올라온 시니어 프로그래머이지만 팀 단위 업무가 미흡한 경우를 살펴보자. 혼자서는 일을 잘하지만 팀 단위 업무 수행이 미흡하거나 프로젝트 방향의 제시, 프로세스 정립을 잘 못하는 경우다. 처음 중간관리자의 업무를 시작하게 되면 가장 두려운 것이 팀원에게 업무를 믿고 맡기는 일이다. 자신이 하던 업무를 후임에게 맡기면 자신이 하던 것보다 소프트웨어의 품질이 떨어지고 납기도 지연되기 마련이다. 이때 본인이 나서서 직접 해결을 해주기 시작하면, 후임에게 맡기는 것보다 자신이 익숙하게 하던 일이라 안도감을 느끼게 된다. 반면에 팀원은 더 높은 수준의 업무를 받지 못하고 UI, edit, 로그작성과 같은 단순 반복적인 업무를 계속 맡게 되어 사기는 떨어지게 되고, 실력 향상의 기회도 잃게 된다. 이는 전반적인 팀의 수준 하락과 본인 업무의 과다로 이어지게 된다.

이와 같은 문제가 본인이 아닌 상사에 의해 똑같이 발생하기도 한다. 상사가 업무량은 늘었는데 인원의 충원을 꺼리고, 효율성만 높이고 싶은 생각에 경험 많은 중간관리자가 직접 개발을 주도하여 생기는 경우다. 중간관리자도 납기 단축과 품질향상을 위해 관리만 하지 말고 직접 개발을 하라고 지시하게 되면 위와 똑같은 현상이 발생하게 된다. 발생 원인은 다르지만, 팀원의 수준 하락과 함께 사기저하, 조직이탈과 같은 부작용은 동일하다.

이를 해결하기 위해서는 불안하지만 후임에게 업무를 믿고 맡길 수 있는 용기가 필요하다. 또 어떤 부분에서 어려워하거나 실수할 것인지를 예상하여 대비하고, 팀원의 성향과 실력을 정확하게 파악해야 한다. 그래야 어떤 부분에 중간관리자로서 책임을 지고, 어떤 교육을 집중적으로 해주어야 하는지 알 수 있기 때문이다. 이렇게 후임의 실력을 향상해 자신의 분신과 같이 만들면 품질저하와 납기를 어기는 문제에 대한 불안감을 없앨 수 있다. 팀원의 실력이 고르게 향상되면 업무효율은 극대화되고 다른 조직과의 경쟁에서 쉽게 이길 수 있다. 이런 팀의 사기는 하늘을 찌를 듯하여 어려운 프로젝트도 쉽게 해낼 수 있다.

그릇의 크기에 맞지 않는 행동의 부작용과 해결방법

그릇에 맞지 않는 행동	부작용	해결방법
다른 직급의 일에 관여하는 경우	• 팀 전체의 업무 효율 감소 • 인력 낭비 • 보여주기 식의 업무 가능성	• 각자의 업무에 매진한다.
팀을 잘 이끌지 못하고 후임을 믿지 못하는 경우	• 단순 업무로 팀원의 사기를 저하시키고 조직이탈 가능성	• 팀원의 부족한 부분을 집중적으로 교육할 것

남자는 자신을 알아주는 사람을 위하여 목숨까지 바칠 수 있을 정도로 충성심이 생긴다고 했다. 주변에 이러한 후임을 많이 두고 싶다면 업무를 하면서 후임을 믿고 일을 맡기며 권한을 보장해 주면 된다. 그렇다면 후임은 업무에 대한 주인의식이 생겨 스스로 업무를 혁신하고 성과를 내게 된다. 이렇게 얻은 성과에 대해 공정한 평가를 해주면 신뢰를 얻을 수 있다. 이렇게 팀의 사기를 높여 업무효율을 높이는 것이 사내 정치를 하는 것보다 백번 낫다.

40 내가 고민하고 있는 문제는 이미 대가가 정리해놓았다

"나는 앎을 가지고 태어난 사람이 아니다.
옛것을 좋아해 부지런히 탐구해 온 사람이다."

我不是一出生就擁用知識的。我只是喜歡古老的東西并且認眞地去探索的人。

– 공자, 논어

주니어 프로그래머는 모르는 내용에 대한 프로그램 개발 지시를 받았을 경우 상당히 난감해 할 것이다. 기본 지식은 있어도 경험이 많지 않아 업무가 조금이라도 낯설면 프로그래밍을 어떻게 개발해야 하는지 방향을 잡기부터 쉽지 않다. 이러한 난감함에 빠진 주니어 프로그래머는 급한 대로 인터넷을 이용하기도 한다. 프로그래밍 관련 사이트에 들어가 참고하기도 하고 필요할 때는 소스코드를 따오기도 한다. (Ctrl+C, Ctrl+V) 어떤 사이트는 질문에 대한 답변을 쉽게 구할 수도 있는 곳도 있으니 편리하다. 하지만 이렇게 프로그래밍 방법을 찾는 것은 추천해주고 싶지 않다.

프로그래머에게 프로그래밍하는 것이 '업무'이기도 하겠지만 '배움의 연장'이기도 하다. 쏟아지는 새로운 기술 앞에서 프로그래머는 끊임없이 공부해야 한다는 것은 익히 들어 알고 있을 것이다. 배움에서 만큼은 정통으로 익히는 것을 추천한다. 가볍게 '알고만' 넘어가는 것보다 공부해서 발전시킬 수 있는 수준까지 올리는 것이 훨씬 낫다. 이렇게 말하는 것이 고지식하고 뻔하다고 생각할 수 있다. 하지만 프로그래머로서 5년차, 10년차가 되어서도 계속 쉽고 간편한 방법만 찾을 수는 없는 일이다. 제대로 된 일 처리를 위해서는 질이 좋은 정보를 가지고 있어야 한다. 요즘은 정보의 부족이 문제가 아니라 질 낮은 정보의 홍수 속에서 양질의 정보를 찾는 것이 문제이다. 가장 확실히 공인된 정보를 얻을 수 있는 것은 바로 책이다.

사람들은 자기가 원하는 것과 잘하고 싶은 것이 있으면 책에서 답을 찾는다. 단순한 취미생활부터 종사하고 있는 일에 대한 전문지식까지 말이다. 예를 들어 재테크를 잘하고 싶다면 워런 버핏, 도널드 트럼프, 로버트 기요사키 등 그 분야에서 뛰어난 성과를 보이는 대가들의 책을 보며 재테크 비법을 얻는다. 또한, 비법만 얻는대서 끝나지 않고 그들이 부자가 될 수 있었던 마인드와 그들이 가진 철학을 배우기도 한다. 그들의 방식 그대로 똑같이 할 수 없더라도 본보기로 삼아 자신만의 계획을 세우는 데 도움을 받는 것이다.

프로그래밍에 관한 책도 마찬가지이다. 프로그래밍의 대가라 잘 알려진 사람들로는 스티브 맥코넬부터 찰스 펫졸드, 스콧 마이어스, 비야네 스트롭 등이 있는데, 이들의 책을 보면 다년간 쌓아온 그들의 노하우를 간접적이나마 얻을 수 있다. 물론 국내에서도 소프트웨어 개발이 성숙기에 접어들어서 각 분야의 전문가가 쓴 프로그래밍 서적의 수준이 많이 높아졌다.

배움이 필요할 때 좋은 스승을 찾아 배우듯이 그런 스승 역할을 대신하는 것이 바로 책이다. 전문 분야의 대가가 쓴 책은 그들의 삶을 그대로 압축해 놓은 것이다. 저렴하고 쉽게 알짜배기 정보와 비결을 얻을 수 있다. 책은 필요할 때마다 다시 볼 수도 있고 자신이 익혔던 방법을 후배에게 전해 주기에도 편리하다. 또한, 당장 필요한 지식 외에도 다른 주제의 다양한 지식을 덤으로 익힐 수도 있다. 아는 주제가 많아진다면 또 다른 업무를 하게 될 때 더 많은 일을 전보다 수월하게 해낼 수 있다.

책 이외에도 추천해 주고 싶은 방법은 회사 내에서 경력이 많은 선배에게 조언을 구하는 것이다. 프로그래밍 지식에 대한 전반적인 것을 다 질문하기 부담스럽다면 개발 팁, 오류를 줄이는 방법, 설계 노하우와 같이 범위를 잡아 질문하는 것도 좋은 방법이다. 프로그래밍 사이트에서 얻은 내용도 적용하기 적절한 것인지 질문해 볼 수 있다.

프로그래밍 학습 방법

구분	학습방법	내용
권장하는 방법	바이블 서적	검증된 대가들의 서적으로 공부하기
	경험있는 개발자	10년 이상된 프로그래머의 경험을 직접 듣기
좋지 않은 방법	인터넷 커뮤니티	소스코드를 카피하거나 바로 가져다 쓰기

프로그래밍 기술뿐 아니라 프로그래머로서의 방향에 갈피를 잡지 못하고 있다면 많은 경험이 있는 프로그래머에게 어떤 방향으로 나아가면 좋을지 조언을 구할 수도 있다. 이런 식으로 어떤 분야에 집중할지 방향을 잡은 뒤 그 분야를 쭉 파고 들어가면 한 분야의 전문가가 될 수 있다. 이렇게 특정 분야에서 전문가가 되는 것을 'I형 인재'라고 한다. 그다음 폭넓은 지식을 쌓아 아는 범위를 넓혀 T형 인재로 발전한다. 직접 조언을 구하는 것은 자신의 상황에 맞는 맞춤형 조언이기 때문에 인터넷에서 얻는 일면적인 지식과는 다르게 자신을 한층 더 성장시키는 계기를 만들어 준다.

그러나 시간과 여건의 제약으로 인해 주변에서 대가를 만나기는 쉽지 않을 수도 있다. 이런 경우는 책을 보고 간접적으로 그들의 노하우를 익히고 경험해 나가면 된다. 어떤 일이든 단기간에 끝낼 수 있는 지름길은 없다. 제일 느리고 둘러 간다고 생각해도 결국은 정통한 길로 가는 것이 가장 정확하고 장기적으로 효율적이다. 어떠한 길이 빠를지, 무슨 방법이 맞을지 괜히 헤매다 보면 결국 아무것도 되어 있지 않은 경우가 더 많다. 이책 저책 대충 보고 방황하는 것보다 한 가지 제대로 된 책을 사서 잘 익히는 것이 중요하다. 처음에 책 하나를 떼고 나면 다음 책을 읽을 때는 조금 달라져 있을 것이다. 아는 만큼 보이는 법이니 다음 책에서는 더 많은 내용이 보이고 더 많은 것을 내 것으로 받아들일 수 있다.

41 소프트웨어 공학의 필요성

"지식의 본질이란, 지식이 있으면 그것을 적용하는 것이고,
지식이 없으면 자신의 무식함을 자백하는 것이다."

知識的精髓是, 擁有知識就要去運用它, 而沒有的時候, 就是承你的无知。

– 공자

소프트웨어가 복잡해지면서 유지보수와 관리가 힘들어지고, 정해진 납기 안에 제품을 만들기 힘들어졌다. 급한 대로 마구잡이로 프로그래밍을 한다면 소프트웨어의 품질은 더는 보장할 수 없는 이른바 '소프트웨어의 위기'가 찾아온다. 이를 해결하기 위한 공학적 접근이 소프트웨어 공학이다. 소프트웨어 공학은 간단히 말해 소프트웨어 개발을 계획적으로 관리하는 방법이다.

필자가 처음으로 소프트웨어 공학의 필요성을 느꼈던 때는 회사가 조직을 개편하고 중요한 문제상황이 생겼을 때였다. 그 당시 경쟁사 제품은 새로운 기능으로 앞서나가고 있었고, 우리 회사는 기술적으로 뒤처져 있었다. 고객이 동일한 성능을 원했기 때문에 빨리 개발해야 하는 다급한 상황이었는데 생각처럼 개발은 쉽게 되지 않았다. 상사는 고민 끝에 필자에게 해당 프로젝트를 맡아 보는 것이 어떻겠냐며 제의했다. 제의받은 프로젝트는 18명의 인원이 구성된 팀으로, 당시 나는 세 명의 프로그래머로 구성된 파트를 관리하고 있었다. 상사는 세 명도 잘 관리하고 있으니 더 많은 사람도 관리할 수 있을 것 같다고 말했다. 나는 그 제의에 승낙했고 본격적으로 제의받은 프로젝

트를 관리하기 시작했다. 제일 처음 조직관리에 적용한 방법으로, 먼저 이 일을 했던 선배들이 해왔던 방식을 따라 해보았다. 별다른 고민 없이 선배들의 방식 그대로 따라 하면 쉽게 해결할 수 있을 것으로 생각했다.

먼저, 업무 과제들을 쭉 나열하고 함께 일하고 있는 인원에 맞게 배분했다. 납기도 언제까지 하면 된다고 알려주었다. 하지만 세 명일 때는 이런 방식이 효율적이었으나 인원이 늘어 열여덟 명이 되었을 때는 업무가 잘되지 않았다. 세 명일 때는 인원이 적기 때문에 한 명씩 체크가 가능했지만 그의 여섯 배가 되는 인원이 되니 물리적으로 하루 안에 시간을 쪼개서 관리해 주기란 쉽지 않은 일이었다. 일주일에 몇 명씩 나누어 해보아도 역부족이었다.

세 명의 인원을 데리고 관리할 때는 필자 뜻대로 움직여 주었고 '내가 관리하는 조직이 최대의 수행 결과를 내고 있구나!'하는 보람을 느꼈다. 하지만 인원이 많아지니 소수 인원을 이끌었을 때의 보람을 다시 느끼기 힘들었다. 인원이 많아져 일일이 관리하기 힘드니 팀원 각자가 스스로 생각하는 방향으로 업무가 진행되었다. 이러니 필자가 관리한 대로 움직이는 것이 아니라 필자가 조직의 구성원으로서 같이 묻어가는 느낌이 들었다. 효율적으로 조직을 관리해야 하는 리더의 역할을 제대로 해내지 못하는 것 같아 회의감이 들고 고민이 생겼다. 게다가 만족스럽지 못한 팀원 관리 때문이었는지 그 프로젝트는 목표로 하는 기능의 기반은 만들어 놓았지만, 결과물이 썩 좋지는 못했다. 더 효율적인 조직관리가 필요한 상황이었다.

그 일을 한 번 겪고 나서는 선배들이 했던 방식을 그대로 따라 하는 것이 꼭 정답은 아니라는 것을 깨달았다. 그 당시 팀원을 관리하는 리더는 경력이 많은 간부가 주로 맡고 있었다. 선배 리더는 책임감도 강하고 경력과 노하우가 많아 그때마다 문제를 처리할 수 있었다. 하지만 그때의 필자는 똑같이 따라 하기에는 연륜과 노하우도 부족했고 그 방식들이 반드시 정답인 것도 아니었다.

'양 백 마리가 있어도 그 우두머리가 사자이면 승리할 것이고, 사자 백 마리가 있어도 그 우두머리가 양이면 패배할 것이다.'라는 말이 있다. 이것은 큰 무리를 이끄는 우두머리의 중요성을 강조한 말이다. 조직을 운영하는 리더도 마찬가지이다. 리더의 역할이 리더를 믿고 따르는 프로그래머의 결과물의 완성도에도 큰 영향을 끼친다.

'나는 어떻게 하면 팀원들을 제대로 이끄는 훌륭한 우두머리가 될 수 있을까?'이런 고민을 끊임없이 이어나갔다. 여기저기에서 답을 찾다가 고민의 해답을 소프트웨어 공학에서 찾을 수 있었다. 처음에는 소프트웨어 공학에 대한 선입견이 많이 있었다. 소프트웨어 공학은 교과서에서나 적용되는 것이고 현실과는 괴리감이 크다고 생각했기 때문이었다. 하지만 선배들의 경험과 노하우만으로 현실의 문제를 해결할 수 없을 때는 큰 도움이 되었다. 개발하면서 마주치게 되는 문제에 대해 새로운 해결책과 힌트를 제공해 주었다.

소프트웨어 공학은 프로젝트를 관리하는 방법에 대한 많은 사람의 생각을 모아 공학적으로 분석해 놓은 것이다. 소프트웨어 공학을 보면서 필자가 했던 실패와 고생들이 모두 20~30년 전에 이미 선배 프로그래머 리더가 반복해왔던 고민이었다는 것을 알게 되었다. 이미 다른 프로그래밍의 대가들이 먼저 이것저것 다 겪어보고 찾은 해결책이 나와 있기 때문에 어떤 방식이 가장 효율적인지 알 수 있었다.

무턱대고 개발부터 시작하고 그때그때 오류가 있으면 고치는 방법을 쓰기도 하는데 이를 'Code and Fix'라고 한다. 요구사항에 대한 분석이나 설계 없이 프로그램 개발부터 시작하고, 오류가 있으면 고치는 비효율적인 개발 방법이다. 마음이 급해서 'Code and Fix'를 하지만 체계적이지 못하기 때문에 오히려 이 방법으로는 납기일자가 지연된다.

필자도 현장에서 코딩부터 시작했던 프로그래머라 문서를 작성하는 것을 매우 싫어했기 때문에 'Code and Fix' 방법이 익숙했다. 왠지 문서를 만들고 개발을 시작하면 납기일자를 지킬 수 없을 것 같았기 때문에 구현할 기능과 프로그램 흐름이나 객체의 관계만 생각해서 바로 코딩을 시작했다. 문서 작성이 능숙하지 않아 명세서를 작성하면 overhead가 클 것 같은 기분이 들었기 때문이다.

그러나 한 번만이라도 제대로 요구분석과 설계를 마친 후에 프로그램을 구현하는 것이 더 효율적이라는 경험을 한다면 손으로 명세서를 쓰더라도 절차를 따르게 될 것이다. 간단하게 손으로 쓴 명세서로 개발하면 나중에 문서 관리가 안 된다는 의견을 제시하는 사람도 있었다. 하지만 이 문제는 스캐너로 연습장을 스캔한 후에 검색할 수 있는 디스크에 보관하는 방법으로 대체할 수 있다. 문서의 형식이 문제가 아니라 담고 있는 내용과 절차를 행하는 것이 중요하다.

소프트웨어 공학의 또 다른 장점은 프로그래머에서 팀원을 관리하는 중간관리자로 넘어갈 때 엔지니어로서 쇠퇴하는 느낌을 해결해 준다는 것이다. 필자도 중간관리자를 하면서 더는 프로그래머가 아닌 느낌이 들어 스트레스를 받았다. 프로그래머라는 이름 아래서는 기술을 가지고 있다는 생각이 들지만 중간관리자는 그렇지 않기 때문이다. 프로그래머는 회사가 어려워져도 기술을 가지고 있으니 이직에 대한 염려가 적다. 중간관리자가 되고 몇 달 정도 지나면 예전 프로그래머 시절에 유지했던 감과 자신감이 떨어진다. 이렇게 되면 기술이 중요한 프로그래머 생명에 치명적이다. 또 대기업에서 중간관리자로 있던 사람과 중소기업에서 중간관리자를 했던 두 중간관리자가 이직시장에 나온다면 당연히 대기업에서 중간관리자로 있던 사람이 더 경쟁력이 있지 않을까 하는 생각도 했었다. 이런 고민이 자꾸 더해져 중간관리자보다는 프로그래머로서 머물고 싶었다.

하지만 지금은 생각이 많이 바뀌었다. IT 관리자도 엔지니어이고 소프트웨어 공학 기반에서 기술을 수행하느냐에 따라 관리자로서의 가치를 인정받는다. 다른 사람이 했던 방식 그대로 조직을 관리하면 경쟁력 없는 평범한 관리자로 남을 뿐이다. 다른 사람과 다름없는 일반적인 실력이라면 경쟁력이 떨어지게 되는 것이다. 그렇기 때문에 프로젝트 관리자는 또 다른 엔지니어링의 도전이라 할 수 있다.

소프트웨어 공학의 장점과 주의사항

구분	특징	내용
장점	효율화	프로그래밍을 체계화하여 효율적 접근
	공학적 접근	관리자로서 새로운 기술 터득
	가이드 라인	기본적 방향 제시, 불안감 해소
주의사항	다양한 방법론	다양한 조건에 적합한 방법론을 찾아 적용
	문서화	관리에 치중, 납기 지연, 불필요한 작업이 가중

소프트웨어 공학에 대한 인식이 호의적으로 바뀌면 여러 가지 응용을 할 수 있다. 납기일자가 빠듯한 상황에서 기능을 추가해 달라는 요청이 생긴 경우를 살펴보자. 'eXtreme Programming (XP)' 개발방법은 중소규모의 빠른 개발을 추구할 때 적합하다. 그러나 대규모 프로젝트에서 일주일 안에 기능을 추가해야 하는 업무가 주어졌을 때 현재 프로그램 개발 능력으로는 2주가 필요하다면 납기를 맞출 수가 없어 문제가 될 것이다. 이럴 때는 컴퓨터 한 대에 두 명의 프로그래머가 함께 개발하는 'Pair Programming'을 적용해 보는 것이다. 부족한 납기에서 'eXtreme Programming (XP)' 개발방법론을 적용하는 것이 아니라 'Pair Programming' 기법만을 사용하는 것이다. 이러한 방법으로 시니어 프로그래머 한 명과 주니어 프로그래머 한 명이 함께 개발하면 두 배 이상의 결과가 나오게 된다. 프로그래머에게 스트레스를 많이 주는 개발기법이지만 빠듯한 납기일자를 지킬 수 있게 도와준다. 납기일자를 지키는 것과 함께 추가로 주니어 프로그래머의 실력이 향상되는 효과도 얻을 수 있다.

리더는 조직 관리뿐만 아니라 프로그램 개발방법도 이해해야 한다. 중간 관리자가 되었을 때 스트레스를 잘 이겨낼 방법은 자신의 실력이 소프트웨어 공학의 토대에서 향상되고 있다고 생각하는 것이고, 또 실제로도 그렇게 되고 있어야 한다. 소프트웨어 공학을 공부하면서 실력을 쌓는다고 생각하면 스트레스나 불안감이 줄어들고 프로젝트를 효율적으로 해낼 수 있을 것이다.

42 앞으로 10년을 어떻게 보낼 것인가?

"바쁜 꿀벌은 슬퍼할 겨를도 없다."

– 윌리엄 블레이크

프로그래밍을 업으로 삼으려는 프로그래머는 설렘도 있지만, 또 다른 한편으로는 이런저런 고민도 있을 것이다. 앞으로 전망은 있는지, 안정적으로 일할 수 있을지 등 다양한 고민이 있겠지만 그중에서도 조금 늦게 프로그래머 일을 시작한 사람이라면 경력과 실력에 대한 고민을 하게 될 것이다.

필자가 처음 신입사원으로 입사를 했을 때 내가 들어간 부서의 팀장은 개발경력이 5년차인 과장이었다. 그때 놀랐던 사실은 그 팀장이 나와 동갑내기였다는 것이었다. 나는 보통 사람들처럼 군대에 다녀오고 졸업 후 입사를 했지만, 그 팀장은 대학생 때부터 일찍 직장생활을 시작했다. 나중에 사정을 알고 보니 그 팀장은 졸업과 동시에 회사에서 병역특례를 받았기 때문에 팀장의 자리에 있을 수 있었던 것이다. 나는 대학을 갓 졸업하고 사회생활이 어떤 것인지 막 배우려던 시기에 동갑내기인 사람이 나의 상사라는 사실에 충격을 받았다.

그 팀장과 나의 직급 차이처럼 회사의 처우도 크게 차이가 났다. 지금까지 내가 뭘 하며 살아온 걸까 회의감이 들 정도였다. 그리고 가장 신경이 많이 쓰였던 것 중 하나는 실력의 차이였다. 당연한 사실이지만 경력의 차이만큼 팀장과 실력 또한 차이가 났다. 그 팀장은 회사에서 중요한 부분을 주로 맡아서 개발했지만 나는 신입사원에게 주어지는 유지보수의 일을 맡아 씨름해야만 했다. 이대로 계속 시간이 흐르면 그 팀장과의 격차는 점점 더 커질 것 같았고 그 차이를 영원히 메울 수 없을 것이란 생각까지 들었다. 그 당시 1년차와 5년차는 5배의 차이가 나는 것처럼 느껴졌다.

지금 돌이켜 생각해보면 별것도 아닌 일이지만 그 당시에는 정말 큰 고민이었다. 지금 주위에도 이와 비슷한 고민을 하는 프로그래머가 많이 있다. 모든 일이 그렇겠지만 프로그램 개발이라는 것도 적성이 가장 중요한 요인이기 때문에 적성을 빨리 찾은 사람은 먼저 시작하고, 늦게 적성을 찾은 사람은 시작이 늦을 수밖에 없다. 그렇기 때문에 프로그래머는 동일한 경력에서도 연령대가 넓게 분포하게 되는데, 늦게 시작한 사람은 일찍 프로그래밍을 시작한 사람, 특히 자신과 나이가 비슷한데 경력은 더 오래된 사람을 따라잡아야 한다는 부담이 생기기도 한다.

하지만 지나버린 시간을 되돌릴 수 없는 일이고, 일을 언제 시작했느냐는 그다지 중요하지 않다. 처음 시작할 때는 2년차 프로그래머와 4년차 프로그래머의 실력은 2배의 차이가 나는 것처럼 느껴진다. 하지만 12년차 프로그래머와 14년차 프로그래머에게 있어서 경력은 큰 의미가 없다. 중요한 점은 12년과 14년을 어떻게 보내왔는가 하는 것이다. 다시 말하자면, ‘언제 시작했는가?’ 하는 것이 중요한 것이 아니라 ‘앞으로 10년을 어떻게 보낼 것인가?’ 하는 것이 중요하다.

보통 업계에 몸을 담고 10년이 지나면 그동안 지내온 결과물이 나오게 된다. 그동안 얼마나 지식을 쌓고 노력했는지 결과물에 나타난다. 당장 얼마 안 된 경력으로는 먼저 시작한 경력자보다 연봉이 낮을 것이다. 하지만 10년이 지난 후에는 진정한 실력에 따라 연봉의 차이가 난다. 계속 똑같은 방식으로 나태하게 개발만 한 사람과, 관심분야를 찾아 집중해서 공부하여 전문가가 된 사람과의 차이가 확연히 나는 것이다.

주니어 프로그래머 시절에는 대기업, 중소기업 중 어느 곳에 몸을 담고 있어야 하는지 고민을 많이 한다. 하지만 단시간에 해결될 문제가 아니고 대기업의 수요는 한계가 있기 때문에 이를 깊게 고민해봐야 쉽게 해결되지 않는다. 오히려 더 집중해야 할 것은 앞으로 10년을 어떻게 보내야 할지 계획을 세우는 것이다. 착실하게 자기 전문분야를 찾고 지식을 쌓아서 실력을 키우면 주니어 시기가 지난 다음에는 앞서서 못 받았던 처우의 차이는 극복이 될 수 있다. 상황을 낙관적으로 판단하고 안일한 마음으로 현실에 안주한다면 10년 동안 자기 발전에 힘써온 사람에게 뒤처진다는 것은 너무나 자명한 일이다.

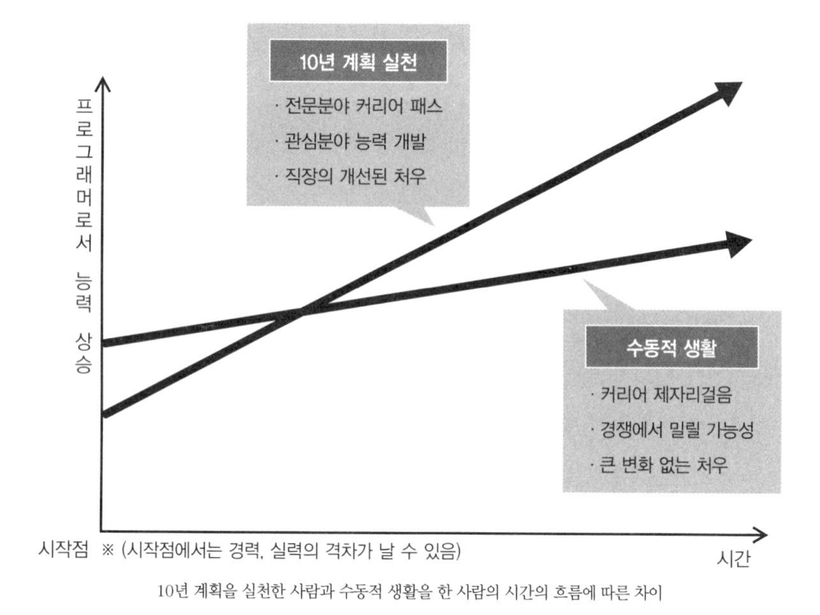

10년 계획을 실천한 사람과 수동적 생활을 한 사람의 시간의 흐름에 따른 차이

마지막으로, 앞서 말한 동갑내기 상사에 대한 결말이 필자가 모든 면에서 더 좋아졌다고 이야기해줄 수 있다면 좋은 마무리가 되겠지만 사실 연락이 되지 않아서 지금은 어떻게 지내는지 모른다. 그러나 중요한 것은 필자가 그 당시에 하던 염려와 고민은 지금 전혀 문제가 되지 않는다는 것이다.

유명인의 성공스토리를 보게 되면 흔히들 '열심히 일하다 보니 돈이 알아서 따라왔다'고 말한다. 이것은 프로그래머에게도 마찬가지다. 처음에는 '이렇게 일해도 나에게 돌아온 보상이 이것밖에 안되나'하는 스트레스를 받을 때도 있겠지만 개발할 수 있다는 것 자체에서 즐거움을 찾았으면 한다.

43 잔업근무에 대한 마음가짐

"일이 즐거움이면 인생은 낙원이다. 일이 의무이면 인생은 지옥이다."

– 이나모리 가즈오, 교세라 창업자

연속된 잔업근무는 여간 힘든 게 아니다. 강도 높은 야근은 물론이고, 야근 후 집에 들어와서 겨우 잠자리에 들려 하는데 업무에 관련한 전화가 올 때도 있다. 잔업근무가 반복되면 '왜 이렇게까지 일을 해야 하나' 하는 생각과 이런 일을 하면서 얻는 것은 없는 것 같고 지치는 일상에 짜증이 난다. 열심히 일한다고 해서 별로 알아주는 사람도 없고 말이다. 자신의 생활을 잃어버린 것 같고 몸만 축나는 것 같은 생각이 들게 되는 것이다.

필자 또한 주니어 시절에 계속되는 잔업근무에 그런 생각을 했다. 매일 아침 아홉 시에 출근해서 새벽까지 일하고 퇴근하고, 프로젝트가 시작되면 3개월에서 6개월 동안 주말, 휴일을 하루도 쉬지 않고 일하는 것이 당연한 일이었다. 이렇게 근무를 하면 잔업 수당이 월급보다 많을 때도 있었다. 그러나 피할 수 없는 일이기 때문에 극복해야만 했다.

일단은 잔업근무에 대한 생각부터 전환해 보기로 했다. 높은 강도의 잔업근무를 하고 나면 '내가 일을 이렇게까지 할 수 있구나!'라며 한계 능력을 알게 되어 기분이 좋았다. '지난 어떤 회사에서도 이렇게 일해 본 적이 없는데 이 정도까지 일하는 것이 가능하구나!'라고 말이다. 어느 회사의 누구와 경쟁해도 이길 수 있을 것 같은 자신감이 생겨났다.

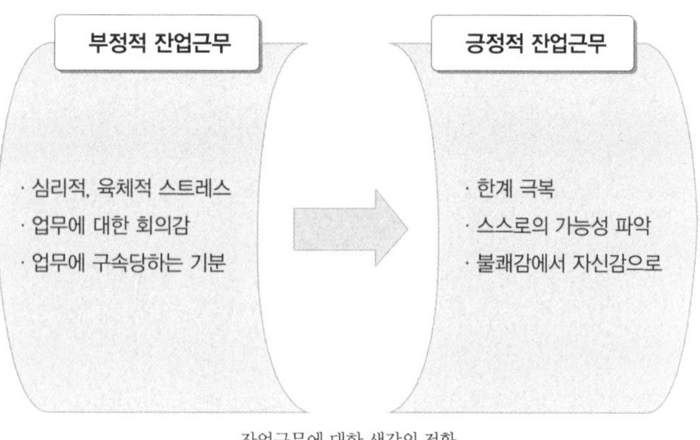

잔업근무에 대한 생각의 전환

보통 구인시장에서는 '삼성맨'이라고 불리는 사람을 선호한다. 그 이유는 개인보다 조직을 위하는 삼성의 기업문화 속에서 단련되어 우수한 성과를 창출하는 것에 익숙해져 있기 때문이다. 삼성에서는 '월화수목금금'으로 일을 한다는 말이 나올 정도로 고강도의 업무를 수행한다. 단기간에 최대의 능률을 내고 싶어하는 회사 차원에서 구인할 때 이런 정신을 가진 '삼성맨'을 원하는 것은 당연하다.

물론 잔업근무가 계속되는 것이 좋지는 않다. 계속 그렇게 강도 높은 잔업근무를 하기에는 체력과 환경이 따라주지 않기 때문이다. 프로그래머가 일하는 곳은 어디를 가도 거의 비슷한 상황이다. SI 업종이나 게임 개발 분야 등 아직도 소프트웨어 개발 직종에서는 높은 노동강도를 유지하고 있는데 프로그래머라는 직업을 정말로 좋아하고 발전하려는 마음이 없다면 견뎌내기 힘들다. 많은 프로그래머가 이를 벗어나고자 많은 노력을 하고 있지만, 노력한다고 해도 어쩔 수 없이 잔업근무를 해야 한다면 마음가짐을 바꿔 스트레스의 강도를 낮추는 편이 낫다.

모든 일에서 마찬가지로 높은 고난을 이겨내면 비슷하거나 낮은 고난은 쉽게 해결할 수 있다. 제일 강도 높은 일을 해내고 나면 다른 일을 하게 될 때 그 경험을 떠올리며 힘을 낼 수 있다. 버겁겠지만 본인을 단련하는 기간이라 생각을 바꾸면 한층 성장한 자신을 볼 수 있을 것이다.

마지막으로 관리자에게 하고 싶은 말은 자신은 고강도의 잔업을 하면서 조직을 지켜왔더라도, 시대가 바뀌었으므로 후배에게 같은 문화를 강요해서는 안 된다는 것이다. 이제는 소프트웨어 개발에서 열심히 일하는 것보다 창의적으로 일하는 것이 중요한 시대가 왔다. 먼저 문화를 바꾸는 조직이 앞서 나갈 수 있다.

44 을의 운명

"마음에 서서히 젖어드는 비방과 살을 파고드는 상처와 같은 발언에도 흔들리지 아니하는 사람이야말로 현명한 사람이라 할 수 있다."

浸潤之譖, 膚受之愬, 不行焉, 可胃明也已矣。浸潤之譖

膚受之愬, 不行焉, 可謂遠也已矣。

– 공자, 논어

사회생활을 하다 보면 항상 갑과 을의 관계가 형성된다. 최근 사회적으로 갑과 을의 관계에 대한 담론이 떠오르고 있다. 대기업과 소상공인의 문제로 인한 뉴스는 끊임없이 나오고 있다. 갑과 을의 관계는 경제활동을 하게 되면 어쩔 수 없이 생기는 피할 수 없는 구조다. 흔히 직장 안에서 볼 수 있는 풍경을 그려보자.

계약직은 언제나 계약이 연장될까 조마조마하고, 정규직의 눈치를 보며 편치 않은 직장생활을 한다. 정규직이라 하더라도 정년이 다가오는 직원은 아무런 은퇴 준비도 안 된 상태에서 회사를 나가면 아무 대책 없는 위태로운 상황에 놓여 있다. '언제 회사에 잘릴까?' 고민하고 회사를 나가면 앞길이 막막한 이들도 을로 볼 수 있다.

이런 처지에 놓이지 않으려면 항상 준비해야 한다. 을의 처지에 있어도 당당하게 자기 의견을 말할 수 있으려면 대책을 세워야 한다. 대안이 없어서 불안해지고 갑에게 휘둘리는 것이다. 이번에는 을의 관점에서 대안을 준비하고, 대체하는 마음가짐을 알아보자.

프로그래머는 주 업종을 지원하는 역할을 맡기 때문에 대부분 을의 입장이다. 그래서 자주 을의 처지에서 갑에게 억울한 경우를 많이 당하게 된다.

중소기업에서 사회생활을 막 시작하는 주니어 프로그래머는 을의 상황을 잘 이해하지 못한다. 그동안 가족의 보호나 평등한 인간관계에 있었기에 사회생활을 통해 갑과 을에 대해 경험을 하면서 문화적 충격을 받는다. 소프트웨어 개발에 대한 원대한 포부를 가지고 입사했지만, 예상치 못하게 갑에 의한 불평등한 대우를 겪으면서 스트레스를 많이 받는다. 이와 반대로 처음부터 갑의 위치를 경험하는 주니어도 있다. 사회생활을 갑의 위치에서부터 시작하게 되면 많을 것을 배워야 할 시기에 그릇된 습관과 인성을 갖추지 않도록 조심해야 한다. 자신이 제대로 된 실력을 갖추지 못했는데 갑의 잘못된 습관만 갖고 있다면 우물 안의 개구리가 될 가능성이 크다.

한 번은 대기업의 신입사원이 자신이 잘못하고도 이를 인정하지 않고 나이 많은 협력사 직원에게 오히려 화를 내며 협력업체에 이를 책임지라고 하는 경우를 보았다. 현장에서 이러한 일은 비일비재하다. 한창 사회생활을 배우고 익힐 시기에 갑의 해악만을 먼저 배우고 이용하는 법을 익힌 것이다. 그런 시선으로 인생을 살아갈 것으로 생각하니 연민과 함께 걱정이 되기까지 했다.

갑은 우월한 위치에 있기 때문에 필요한 업무와 성과를 요구한다. 협력사 직원에게 지시하고, 그들에게서 대접을 받는 위치에 있기 때문에 자신이 우월하다는 터무니없는 생각을 한다. 그러나 단순히 상하관계에서 갑의 위치에 있고, 능력은 속 빈 강정과 다름없다면 갑이 을로 자리가 뒤바뀌게 되는 것은 한순간이다.

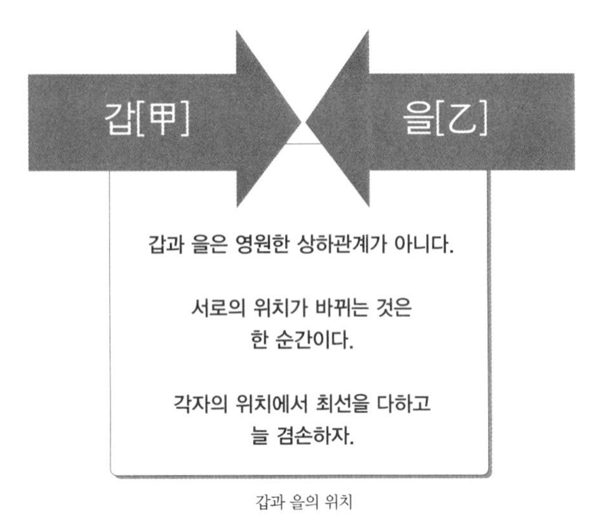

갑과 을의 위치

대기업에서 정년을 마치고 사업을 시작했다가 실패하는 사례를 많이 듣게 된다. 특히 베이비붐 세대의 정년퇴직 이후의 삶은 우리 사회의 해결하지 못한 숙제로 남아있다. 수명은 길어지는데 정년퇴직은 찾아오고, 마땅히 모아둔 돈이 없으니 퇴직자는 생계를 이어나가기 위해 또 다른 일을 찾아 나선다.

> "한 중년의 퇴직자가 퇴직금과 대출금을 가지고 사업을 시작했다. 초반에는 주변 지인의 도움으로 장사가 잘 되었으나 그 도움이 없어지자 시간이 갈수록 매출은 급감하고 결국 문을 닫을 처지에 놓이게 되었다. 이러한 사례는 베이비붐 세대가 정년을 맞이하면서 급격하게 늘고 있다."
>
> (매일경제신문)

이런 실패가 자주 일어나는 데는 여러 가지 이유가 있다. 그중 하나가 오랜 회사생활 속에 회사에서 누리던 직책의 후광이 남아 있다고 생각하는 것이다. 이런 경우에는 자신이 다른 일을 할 때도 회사에서 느끼던 갑의 습관이 몸에 배어 있어 을의 처지에서 일하고 자신을 낮추는 것에 쉽게 적응하지 못한다. 회사를 떠나서 을의 위치로 변한 것을 빨리 깨닫고 변하지 못하면 자생하지 못하고 도태된다. 인생의 초, 중반을 아무리 성공적으로 성실하게 지내도 후반을 잘 마무리 짓지 못하면 아무런 소용이 없다. 결국, 우리가 지금도 달리는 것은 인생의 후반, 진정한 황금기를 누리기 위해서다.

사회생활을 하면서 을의 위치를 피할 수 없으면 즐겨야 한다. 즐길 수 없으면 이겨낼 수 있는 정신을 가져야 한다. 을의 위치를 즐기는 방법은 무엇일까?

갑에게 더 비루하게 보이는 연기를 즐겨보는 것이다. 만약, 갑이 우쭐한 모습을 보인다면 이를 약점으로 생각하고 더 띄워주면서 공략하는 것이다. 진정으로 승리하는 사람은 갑과 을의 수직적인 관계가 아니라 더 높은 인성과 실력을 갖추는 사람이다. 결국, 사회생활은 개인적으로나 회사생활에서 더 많은 실익을 챙기는 사람이 승리한다.

을의 처지에서 무시를 당하는 것이 패배가 아니라, 무시를 당하고도 고난을 통한 인성의 발전과 실력 향상이 없는 것이 진정한 패배이다. 을의 위치에 있을 지라도 어느 일이나 어떤 상황에 놓여도 대처할 능력이 준비되어 있다면 을의 위치에서도 실질적인 갑의 위치를 정할 수 있다. 지금은 을의 위치이지만 이를 악물고 이후 내가 더 많은 인격과 품성, 우월한 실력으로 더 높은 연봉을 받으리라 다짐하는 것이 중요하다.

에필로그_ 프로그래머의 전망

"모든 핵심은 소프트웨어입니다. 사실, 소프트웨어는 사용자 경험이죠."

– 스티브 잡스, 포춘 인터뷰에서

'프로그래머의 미래는 치킨집 사장'이란 이야기와 '프로그래머가 35세면 퇴물이 되어 정리해고 된다'는 말이 있다. 또 '프로그래머는 4D 업종'이라는 말도 있다. 하지만 필자가 현장에서 느끼는 분위기는 많이 달라서 이런 속설이 왜 도는지 이해가 되지 않는다. 현장에서의 느낌은 프로그래머 기피현상 때문에 신규 인력이 부족하고 연배가 있는 프로그래머가 그 공백을 채우고 있다는 점이다.

필자는 프로그래머가 다른 직업과 비교해서 더 힘든 직업이라고 생각하지 않는다. 우리나라는 자원이 없는 나라이기 때문에 인력을 통해 부가가치를 생산해야 한다. 인력이 중심이 되니 직업 대부분이 힘들 수밖에 없다고 생각한다. 우리나라의 대표적인 산업은 항상 제조업이었고, 제조업은 생산성을 높이기 위해서 근무시간을 늘려야만 했다. 우리나라는 초기 경공업 중심의 제조업에서 중공업 중심의 제조업으로, 그리고 현대에 와서는 IT 제품 제조업으로 수출을 주도하고 있다. 이렇게 우리나라의 주요 산업의 변화 속에서 소프트웨어와 프로그래머는 주 업무를 지원하는 역할을 해왔기 때문에 근무여건도 항상 갑을 따라갔다.

중소기업에 다니는 프로그래머가 열악한 근무여건에 대한 불만을 이야기하지만 우리나라의 대표적 대기업인 삼성전자나 LG전자가 더 나은 조건에 있다고 생각하지는 않는다. 항상 주 업무가 갑의 위치에 있고 소프트웨어 개발은 늘 을이기 때문에 그들의 규칙을 따랐을 뿐이었다.

하지만 이제 소프트웨어의 입지가 바뀌고 있다. 그 이유를 다음과 같이 설명할 수 있다.

1. 소프트웨어가 갑(甲)이다.

우리나라가 글로벌 경쟁시대에서 살아남기 위해서는 시장의 변화에 빠르게 적응해야 한다. 기존의 하드웨어 제조 중심에서 애플과 구글이 주도하는 소프트웨어 중심으로 시장의 판도가 바뀌었다. 하드웨어는 아웃소싱(Outsourcing)을 하고 소프트웨어가 플랫폼을 제공하는 방법으로 경쟁의 방식이 바뀌고 있다.

우리나라도 소프트웨어가 산업을 주도하는 수준까지는 아니더라도 이제는 꽤 중요한 위치를 차지하고 있다. 과거처럼 소프트웨어는 하드웨어에 딸린 옵션이 아니라 소프트웨어의 품질이 중심이 되어 제품을 판매할 수 있다는 인식을 하기 시작했다.

또, 앞으로 근무여건이 점점 개선되는 희망을 볼 수 있다. 각 회사 경영진이 소프트웨어 개발 인력은 제조업처럼 초과근무를 강요해봐야 생산성과 품질이 향상되지 않는 것을 점차 깨닫고 있다. 소프트웨어 개발을 단순 제조업처럼 접근하면 시장에서 도태될 수밖에 없다. 소프트웨어 개발은 육체노동이 아닌 정신노동이 중심이 되기 때문이다. 그러니 스트레스를 받거나 지칠수록 프로그래머가 만든 제품의 품질은 떨어질 수밖에 없다. 점점 많은 회사가 이 원리를 알아가고 있으니 우리나라 전체의 프로그래머 근무여건이 향상될 것이다.

2. 절대 공급 인원이 줄었다.

프로그래머가 많이 공급되었던 지난 시기에는 우리나라 사람이 IT 친화적이고, 어렸을 때부터 게임을 쉽게 접하고 호기심으로 이를 만들고 싶어하는 사람이 많이 있었다. 또 과거에는 컴퓨터 학원을 수료하면 프로그래머가 될 수 있었다. 그러나 요즘은 프로그래머는 쉽지 않은 직업이란 인식이 작용하고 있다. 소프트웨어 기술이 발전되고 성숙하면서 프로그램 개발을 위한 기반 지식의 깊이와 양이 증가했다. 프로그래머로 진입하기 위한 장벽이 높아진 것이다. 게임 분야도 단순한 열정을 가지고 도전해도 현실은 힘들다는 생각도 많이 퍼졌다. 프로그래머가 되기 위한 기반 지식을 단기간에 학습하기가 불가능해졌다. 이와 같은 이유로 기업에서도 전공자 위주의 채용을 하고 있다. 대학교에서 컴퓨터 관련 학과를 졸업하고 소프트웨어, 컴퓨터 시스템 공학 관련 전문지식을 쌓은 전공자 중심으로 채용한다. 또한, 경력직에 대한 채용도 분야가 아주 세분화되었다. 진입장벽이 높은 만큼 희소성이 있으므로 인력과잉으로 인한 염려는 하지 않아도 된다.

3. 수요가 증대되었다.

산업이 선진화되고 소프트웨어가 경쟁력의 중심에 서면서 프로그래머에 대한 수요가 증가했다. 기업은 좋은 사람을 찾기 위해 항상 구인을 하고 있다. 적합한 경력을 가진 사람이 있는지, 실력이 있는 사람이 있는지 계속 찾고 있다. 공급이 줄고 수요가 늘어나면 자연스럽게 비용이 증가되기 마련이다. 따라서 적정 수준을 갖춘 프로그래머의 공급이 줄고 필요한 프로그래머가 많아지면서 2009년 이전까지 답보하던 소프트웨어 프로그래머의 인건비가 이후 상승하기 시작했다.

직업의 전망은 선진국의 흐름을 보면 정확하게 알 수 있다. 우리나라의 선호 직업이 인문계통의 '~사' 직업이지만 미래에도 계속 그렇지는 않을 것이다. 글로벌 경쟁 판도가 바뀌고, 산업이 선진화되면 우리나라도 흐름에 맞춰 천천히 변할 것이다. 삼성전자가 소프트웨어 직군을 신설하고 대규모로 인력을 채용하는 것은 이러한 변화를 준비하는 것이다. 산업의 구조가 바뀌면 직업의 선호도도 따라갈 것이다. 현재 미국의 직업순위를 통해 앞으로 우리나라의 선호 직업을 예상할 수 있다. 다음 표에 나온 점수는 직업에 대한 근무여건과 선호도를 의미한다.

미국 2013년 Best Jobs

순위	직업	점수	평균연봉($)
1	치과의사	8.4	142,740
2	간호사	8.2	65,690
3	약사	8.2	113,390
4	컴퓨터 시스템 분석가	8.2	78,770
5	의사	8.2	183,170
6	DBA	8.0	75,190
7	소프트웨어 프로그래머	7.9	89,280
8	물리 치료사	7.9	78,270
9	웹프로그래머	7.8	77,990
10	치위생사	7.7	69,280

필자는 프로그래머라는 직업이 유망하다고 생각한다. 주요 산업은 돌고 도는 것이라고 하지만 적어도 지금 세대에서만큼은 프로그래머는 계속 상승하는 직업이라 생각한다. 우리가 꿈꾸던 미래가 점차 현실화되면서 빠질 수 없는 것이 바로 프로그램이기 때문이다. 어떤 종류의 소프트웨어가 주를 이룰지 바뀔 수는 있어도 기본적으로 소프트웨어가 쇠퇴할 일은 없을 것이다. 시장의 흐름 속에 도태되지 않도록 꾸준히 노력하면 프로그래머로서 혜택을 누릴 수 있다고 본다. 그러니 주변에서 말하는 암울한 속설을 들으면서 보장된 꿈을 스스로 포기하는 실수를 하지 말자.